JN294451

旅の深層

行き着くところが、行きたいところ
アフリカ、ブラジル、ダバオ　回遊

組原 洋

学文社

まえがき

私は1980年4月に沖縄大学の専任教員になった。そして、2014年3月で定年を迎える。30年以上にわたって同じ大学で教え続けてきた。

専任教員になる前は弁護士をしていた。だから、最初は刑法とか訴訟法とか国際法とか、普通の法学関係科目を教えていた。ただ、何か専門の科目があって教員になったわけではないから、大学の事情に応じて、横断的に様々な科目を担当してきた。

そのような中で、2年目の1981年度に「法人類学」という科目が設置された。どうせ教えるなら自分が興味を持っていることを教えようと考えて、学科の会議で提案したら設置が認められたのである。この科目は、1997年度になって、大学の改組転換に伴い、「比較法文明論」という科目名にかえて継続してきた。

私は、人類学も、文明論もすべて独学である。本を読み、興味を持った地域を実際に旅行してみたり、そこに住んだりしてきて、気がついてみれば今に至ったという次第なのである。

この間、授業で取りあげたことを中心に、大学の紀要などにまとめて、研究を意識しながら行った旅についてもいろいろ活字にしてはきた。しかし、そういう場では個人的な事情を書くのもおのずから限界があり、たとえば私がなぜその地域に行ったのか、あるいは住んだのか、といった背景や動機については十分に書くことができなかった。

私個人としてはずっと、そういう個人的なことも含んだ記録をまとめて本にしたいと思い続けてきたのだが、できないまま今日まで来た。

今までまとめきれなかったのは、旅というのが延々と続く連歌のようなもので、旅の終わりが同時に始まりとなることが多いため、連綿として区切りがつけられないということがまずある。

しかし、それだけでなく、30年のうちに世界的に大きな変動があり、旅をしながら私もそれを体験してきたわけであるが、どういう時代だったのかが今になってやっと分かるようになってきたということもある。

そういうわけで、定年を機に、いくつかの旅に焦点を当ててまとめてみたのが本書である。枚数の関係で場所的にもごく一部分しか取りあげることができなかったし、時期的にも一応2001年度にダバオに滞在したときまでとした。その他の場所や、その後については、できれば別に本にしてまとめたいと考えている。

私の特徴として、どこか1箇所にだけこだわって、そこに通い続けるということはしなかった。旅行者仲間でいわゆる「沈没」はしなかった、ということである。沈没というならむしろ、1979年に沖縄に来て以来ずっと沖縄に住んでいるわけだから、沖縄に沈没したのだとは言える状態である。しかし、少なくとも意識の上では、私にとって沖縄は「港」であり続けてきた。沖縄で暮らしながら、いつも次の旅行先、居住先を考えながら生きてきた。

実際私は、大学の専任教員になる前も旅をしてきて、いわばその続きで沖縄までやって来たのである。そして、定年後もまた、可能な限り旅を続けていくのではないかと思われる。

なぜ私は旅を続けるのだろうか。この疑問は今も持ち続けている。

旅をする過程で、様々な人々に出会い、様々なことを教えられてきた。旅の現場が私の学習の場であった。出会った人々への感謝を込めて、まずこれらの人々に「ありがとう」を言いたい。

目　次

第1章　アフリカ

(2013年現在)

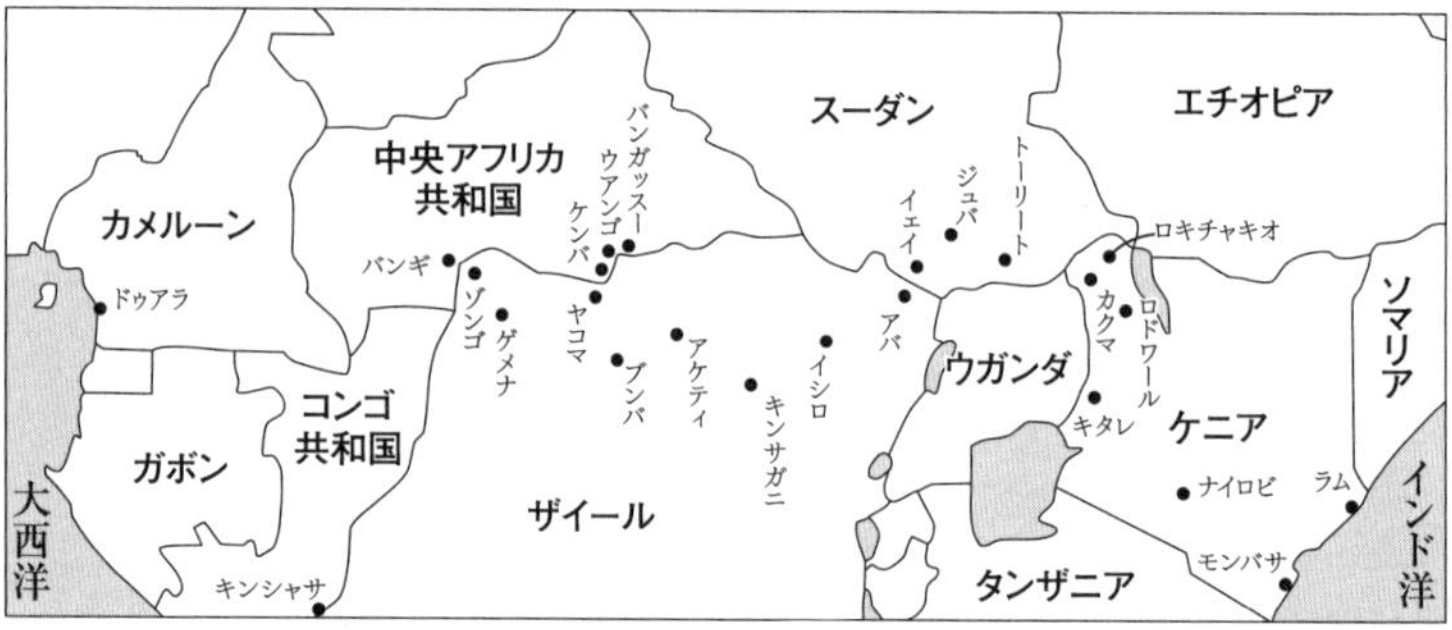

(1981年当時)

1

1981年の夏、私は初めてアフリカを旅行した。7月4日に成田空港から出国し、帰国したのは9月26日だった。パキスタン航空の安売り切符を利用し、カラチ経由でケニアのナイロビにいたり、帰途も同じルートで帰った。往復料金が32万円だった。

本当のところ何のためにアフリカまで行くのか私にもよく分からなかった。そして、当時の私にはそんなことはどうでもよかった。行ってみなければ、なぜ行かなければならないのか、なんて種類の問題に答えが出るはずはないのである。

出発前、大学の旅行届には「研究」のためと書いた。生来ウソをつくのが下手で、この時もかなり勇気がいった。けれどもこれはよかったと結果的に思う。旅行中、現地の人、特に国境の役人と相対するとき、この目的というのがハッキリしていないととてもやりにくいのである。「研究」という目的は、その意味で通りがよかった。大学の先生になっておいてトクをしたと思った。

アフリカのどこから入ってもかまわないと私は考えていた。フラフラ歩き回るだけなのだから、どこから歩き始めても同じようなものである。特別に見ておかねばならない場所などなかった。しかも、もっと正直に言えば、ただアフリカにいたと言えさえすればいいのであって、面倒ならどこかにじっとしていてもよいと私は考えていた。

だから、飛行機がナイロビに着いたとき、私はとてもしあわせだった。やあれやれ、やっと着いた。

だから、「ナイロビの罠」にはまりこみつつあるなと気づいても私は比較的冷静だった。「ナイロビの罠」というのは、当時ナイロビの居心地がたいへんよかったのに対して、周辺諸国へ動くのは難儀で、そのため結果的にナイロビのほかはケニアの観光地をちょこっと見ただけで終わってしまうことをそのように言っていたのである。

ナイロビがどのように居心地がいいのか。

まず第一に便利である。必要なものはほとんどそろう。私の補聴器用の小型電池はここにもなくてあとで困ったが、こんなのは特殊な例で、日常用品はたいていそろえることができた。大きなスーパーマーケットがいくつかあり、そこには味噌もあればしょうゆもあった。緑茶もあった。

そして、物価が安い。旅行者が一番考えるのは宿代だが、ナイロビには安宿がたくさんある。私がいたイクバルホテルが相部屋で当時1泊17・5シリングで、これは日本円で400円足らずだった。食べ物も普通に現地のものを食べていれば1日500円内ですんだ。そして、それがおいしい。あぶらが多すぎてダメだという人はパンや野菜を買ってきて自炊すればいい。もちろん米も売っている。

だから、イクバルホテルに来る人は、外国にやって来た気がしないと皆言っていた。ただ、夜は物騒で歩けなかったたし、スーパーなどでも、持ち物をまずロッカーなどに預けないと中に入れなかった。

物が安くて豊富にあるというだけではない。日本人がたくさんいた。イクバルホテルなど、半分は日本人ではなかろうかと思われるぐらい日本人が多かった。私は何も知らずに、飛行機でたまたま一緒になった日本人に連れられてこのホテルに来て、一番奥の14号室に落ち着いたのだが、この部屋は常に日本人が占領しているとかで有名な部屋だったのである。私はこの部屋で多くの日本人に会い、親しく話した。そして得た結論は、ここには粒よりの日本人がやってきているということである。

こういう経験は、私は初めてだった。海外ではそれまで、尊敬すべき日本人というのにあまり出会わず、私の旅行において日本人というのは、会ってもよいが、会わない方がよりよい人種なのであった。

というのは、タイプがおおむね決まっているため、退屈なのである。当時の私のように、安ければ安いほどよい、と誇らかに信じていた層の中で一番多いのは、日本を逃げ出した人たちとでもいうべきタイプだった。日本に帰りたいのだが帰る勇気がない、ないしは、長くは帰っておれない。日本料理が好きで、日本の漫画を飢えたように読む。けれどももう日本には住みつけないので、米国やヨーロッパでアルバイトをしてお金を貯めては、物価の安い国に移ってブラブラする。あるいはどこかに「沈没」してそのまま住みつく。この種の日本人は、80年代のはじめの段階でも全世界に分布していた。

イクバルホテルの日本人の中にもこういう人たちはいたが、決してそれだけではなかった。日本でもちゃんと立派に（ということがどういうことなのか、あまりよく分からなくなってしまったが）やっていける人たちが来ていて、その中に私は、師とし、あるいは友とするに足る人を何人も見出した。

私が親しくしてもらった人の中に鈴木さんという江戸っ子がいた。姓は人からきいて知り、名前は知らなかった。当時私は、旅先で住所交換などやるような関係は決して長続きしないという信仰めいたものを持っていて、旅先では、特に日本人については名前も住所もきかずに別れることを原則としていた。

鈴木さんは、18歳で高校を出たときに、親から「学校を出たのに就職できなかったと言われるのは親の恥だから、1年でいいから働いてくれ」と言われて就職し、そして1年後にちゃんと職をやめて、国内を回ったあと、金をためて外国へ出だし、そんなフリーな生活が現在まで10年余り続いている、という話であった。

彼は、私が飛行機内でもらって持ってきた毎日新聞を、ごちそうを食べるような顔でニコニコしながら読んでいた。この日の新聞は面白くて、ギリシャでまた日本人が現地の人を殺したという記事が出ていたと思う。

この鈴木さんが言ったことで、一番印象に残ったのは、

「僕は日本が好きだねえ。あちこち歩いてきたけど、やっぱり日本ほどいいところはないと思う」

と当たり前のように言ったことである。これには本当にビックリした。普通は照れくさくて、こんなふうには言えないのである。服装は囚人服みたいなのを着ているし、履き物もゴム草履、それに坊主頭といった具合であったが、毎日の動作がまことにキビキビしていて、私など本当に、何かアルバイトをしているんじゃないかと勘ぐっていた。とにかく鈴木さんの感化を受けて、私もちょっとちゃんとした生活をしてみようとしたが、そうすると時間が余ってしまうのである。

鈴木さんはケニアの北のスーダンからやって来たのだった。首都のハルツームからトラックを乗り継いでやって来たのだが、鈴木さんが旅行した頃は雨期の最中で、トラックが途中で走行不能になったため、膝まで泥水につかって歩いたこともあったそうだ。

しかし、私が着いた頃はもう雨期も峠を越していたし、それに、スーダン南部のジュバという町からナイロビまではひんぱんにトラックが走っているという話だったので、私もこのコースを動いてみようかと思ってスーダンのビザを申請しに行った。

ところが、このビザがおりるまでに、私はイクバルの他の仲間二人とサファリに出かけることに決めてしまっていた。これは明らかに気後れだったのである。当時ケニアは、ソマリア、エチオピア、スーダン、ウガンダ、タンザニアという5カ国に囲まれていたが、このうち陸路の国境が開いているのはスーダンとウガンダだけだった。ウガンダは政情不安定で危ないし、スーダンへはトラックしか走っておらず、道はきわめて悪い。そういうことで、どこそこが危ないというような情報が入ってくるたびにケニアの外に出る勇気がなくなっていく。

しかし、サファリは私なりに面白かった。動物ではなく、景色がよかった。だだっ広い。灌木が地表をおおっていて、丈は低いので、ちょっとした丘に出ればどこまでも同じような景色が広がっているのを見渡せる。水平線も直線にならず、丸くカーブしているのが分かる。立って遠くのほうを眺めていると、自然に体を回転させている自分に気づくのだった。とてもカメラの中におさまらない。学生にみせようと、初めてカメラを持って旅に出たのだが、持って帰って現像してみると、景色でうまく撮れているものは皆無だった。

1週間後にインド洋岸のモンバサに着き、車を捨ててから、一緒にサファリをした二人の内の一人とバスで8時間ぐらい北に行き、そこからフェリーでラム島に行った。ラム島には遠浅の砂浜があり、景色がきれいで、空気もよく、食べ物もおいしい。おまけに安い。そういうことで、旅行者の息抜きの場となっている。ここは歴史的にはアラブの拠点だったところで、現にイスラム教徒が多いことで有名である。私が行ったときはちょうどラマダン（断食月）で、陽が落ちないと食事ができなかった。それで昼間はマンゴーを食べていた。

旅行の最後にやってきたらこの島のよさが分かったにちがいない。実際、エチオピアでマラリアにかかった人がここにやってきて静養していたが、毎日釣りをし、そして、この人は日本人なのにイスラム教徒だったのでコーランを唱え、快適にやっていた。

しかし、まだ何もやっていない私にはこの快適さがかえって不愉快だった。よし、もうスーダンに行こうと決めてまっすぐナイロビに戻り、ビザを取るなど必要な手続をやりはじめた。

それでもまだ、果たして自分が本当に出発できるのかどうか半信半疑だった。ちょうどこのとき、イクバルで、ヨーロッパからサハラを越えてナイロビまで一人でやって来た日本人に会った。その人はとてもチビなのだ。言葉も十分話せないらしい。にもかかわらず、たんたんと話す彼を見ていて、私はすごいやつだと思った。

こうしてやっと出発したのが8月1日だった。

2

鈴木さんに教えられたのに従ってキタレまでバスで行き、そこでスーダンに行くトラックを探し始めた。鈴木さんの話だとごく簡単に見つかるみたいだったのに、実際に探し始めてみるとそうではなかった。その理由は、ケニア内を終点とするトラックと、スーダンまで行くものとを外見上区別できないためである。この国際ルートでは、トラックはほとんどケニアのトラックが使われているから、スーダンからケニアに向けて走るトラックを探し出すのは鈴木さんの言うように簡単にできる。ケニアナンバーのトラックを探せばよいのである。ところが逆の場合はそうはいかない。可能な手段は、道路に立ってしらみつぶしにきくことだけのようだが、面倒くさくてとてもできそうにない。それで、土地の人に教えてもらって、その人から教えてもらった場所に行くと、他にも待っている人がいたので、私は彼らについていくことにした。スーダンまで行く人はいなかったので、乗り継いでいくことになった。

このようにして、ロドワール、カクマと進んできて、このカクマでめでたくスーダン行きのトラックを探し出せたのだった。カクマはトゥルカナ族の難民キャンプがあったところである。この地方に大飢饉があり、それが国際問題になって、日本でもテレビなどを通じて大々的に報道されていた。

このようにしてやっとスーダンに行くトラックを見つけられたので、もう半ば目的は達せられたかのように思い、感激この上なかったのだが、これは序の口に過ぎなかった。

この国際ルートを走っているトラックにもいろいろあったが、私が見つけたのはその中でもちょっと特殊なものだった。

何よりまず、運転手が英国人の白人だった。白人の運転手というのはこのトラックしか見かけなかった。

次に、助手を除く同乗者もすべて白人だった。私を除いて5人の同乗者がいた。英国人男女のペア一組、カナダ人女性二人、そして米国人の男性一人。いずれも私より若く、ほとんどが20代のようだった。カナダ人の女性二人は、ナイロビからずっとこのトラックで来た。二人とも先生で、これからナイジェリアのカノに着任する前にスーダンのジュバまで旅行をするんだそうである。あとは途中でヒッチした人々である。助手はスーダン人の黒人だった。

もともとカクマまではトラック2台でやって来たのである。ところがタイヤが次々にパンクしてしまった。パンクといっても、チューブだけが破れるのではなく、外枠もろともはじけてしまう。ものすごい荷物を積んでいるし、耐久期限をとっくに通り越したタイヤを使っているためだ。本当に、これほどボロなトラックも珍しかった。結局残ったタイヤは六つで、これを1台にまとめてスーダンに向かい、もう1台はカクマに、他の人員とともに残して救援を待つということになったのである。残されたのはすべて黒人だった。

運転手の名前はジャック＝チャリティ。カクマでは川が増水して渡れなくなり、二晩トラックの下でじっとしていたが、このとき夜にジャックがギターを弾かせてくれた。すばらしかった。後にジュバで会ったトラックの乗員にジャックを知っている人がいて、彼も真っ先に、あのギター弾きの男だろうと言った。この人も、ジャックのトラックにただで乗せてもらってジュバまで来たことがあるそうだった。

私の場合もタダだった。それどころか、食事もすべておごってくれるのである。ジャックとカナダ人女性が用意した食料を野外で料理して食べる。そして食後は英国の伝統通り紅茶とビスケットということになるのである。

カクマを出発したとたんに、まずタイヤが一つパンクした。その日の夜にまたパンクした。スペアがなくなった。ちょうど雨が降ってきて、道の上で野宿するしかなくなった、もうダメかなと思ったが、まあどこで死んでもいいんだし、と私は平気だった。米国人と英国人女性が激しい

口論をやって、そして女性の方がわーわー泣いて、私に、

「ねえヒロシ、どっちが正しいの」

ときたのには閉口した。進むか、退くか。

結局、翌日のろのろと進んだ。ジャックは腐って、運転しようとしないので、助手のヘンリーが運転した。ゆっくりゆっくりとどうやら進んでいたが、昼になって川の中で立ち往生した。トラックを降りて、旅行者6人でぞろぞろ歩いていく。20~30分でロキチャキオに入った。ここにスーダン行きのトラックが集結していた。雨のため進めないのである。ジャックのトラックは、このうちの1台にロープで引っ張ってもらって川から抜けだした。

ジャックのトラックはやはり引き返し、タイヤのスペアを得てからまた戻るのだそうだ。仕方がない。別のトラックに乗せてもらうことになる。今度は、ソマリア人の運転手のトラック。乗員は全部で6~7人ぐらいだったと思うが、全員黒人だった。これに私、英国人のペア、それに米国人が乗った。カナダ人の女性二人はジャックと行動を共にするとか。

今度のトラックもタダだった。ジャックのトラックは幌がないので荷物の上に直接座っていたが、今度は幌つきである。車も新しく上等に見えた。

しかし、もっとよかったのは人だ。私はもうカクマで彼らと顔見知りになっていた。あちらから声をかけてくれてチャイ（紅茶）をくれた。白人たちに混じっている私が頼りなげに見えたのか。一緒にトラックに乗ることになると毎食ごちそうしてくれた。

ロキチャキオにも、雨のため二日間いた。たき火をつくって大きな洗面器でウガリをつくる。ウガリはトウモロコシの粉をお湯で練ったもので、おからのような感じだった。缶詰でソースもつくって、手でウガリをちぎってソースにつけて食べる。このあと甘いチャイ。私のためにウガリを別の皿に盛ってくれたが、洗面器の3分の1ぐらいもくれるのだ。洗面器の方はたくさんの手が伸びてたちまちなくなる。私が食べきれない分を戻すと、それもたちまちなくなってしまうのだった。

乗員といっても正式に雇われているのは一人だけで、あとはタダ乗りである。このトラックはウガンダからケニアにやってきたので、ウガンダ人の難民も混じっていた。当時ウガンダ北部で元大統領のアミンの残党がゲリラ戦をやっていて、ウガンダからスーダンには直接は入れなかったため、このトラックもこのようなコースをとることになった。ウガンダ経由なら、道路もちゃんとしていて舗装部分が多いためスーダンのジュバからナイロビまでも短時間で行ける。だからもともとは、このケニア－スーダン間のルートは利用されていなかったのである。

タダ乗りをたくさん乗せるのはいろいろな雑用が多いためでもあるらしい。特に悪路のためトラックが立ち往生したとき、尻を押したり、タイヤの下に板を敷いたりするのに相当な人数がいる。

いよいよスーダンに向かう。道は悪かった。朝出発してから昼までは何とか進んだが、とうとう動けなくなってしまった。タイヤの前に石ころを拾ってきて埋める。ダメ。結局、積み荷を全部おろすことになった。ほとんどがキャンデーの袋と石けんである。雨漏りですでにかなり崩れた箱がある。それを湿った地面に積んでいると、破れる箱が続出して、あちこちにキャンデーや石けんが散らばった。ほとんどおろしてからやっと脱出し、また積み込んだ。キャンデーを食べながら作業をする。クタクタだ。この作業がようやく終わる頃後続のトラックが2台、3台とやってきて、一番最後にどういうわけかジャックのトラックもやってきた。どうやらスペアなしでスーダンに向かうことになったらしい。

われわれは後続のトラック全部に追い越されて、結局ビリになった。この日と次の日は5台のトラックの団子レースになった。戦闘のトラックが次々立ち往生して動けなくなる。一緒に助け合いながら抜け出す。一日30キロも進めるかどうかといった感じである。

最初の夜は、インド人の運転するトラックが水のない川の真ん中で立ち往生して抜け出られなくなったので、ここで野宿。ここから、スーダン最初の村に歩いて出かけた。30分ぐらい。タバコが切れたのである。もう暗くなっていて、ランプの火があちこちで揺れていた。スーダン人はみんな大きかった。ケニアの男性は、背は高いがやせている。これに対してスーダンの男性は、背がいっそう高いだけでなく筋肉がたっぷりついていて、プロレスラーのようだった。ほとんどの人が水泳パンツ1枚なので、ますますそのように見える。人々は陽気に話しかけてきた。

タバコはケニア製の「スポーツマン」しか売っていなかった。これがケニアの倍の値段になる。タバコだけでなく、ケニア製のものは何でもおよそ倍の値段になる。店にはケニアのものしかないので、旅行者には高く感じられる。スーダンには物がない、というのが実感を持って分かるようになってきた。ただ、その物というのは旅行者が買うような物、ということで、一般の人は自給している。

次の日の朝ジャックのトラックが先頭に出てきて、立ち往生したままのインド人のトラックの左側を抜けようとし始めた。車が通ったあとがなく、いかにも柔らかそうな土の部分である。ほとんどの人は、白人に対する反感があるのか、冷たい目で見ていた。ジャックとヘンリーは川床に草をたくさん敷いた。そして、ものすごいエンジンの音とともに発車したのだが、川を上がるところでタイヤが空回りし始めた。ザマアみろ、といった表情の人々。しかし、タイヤの下にいっそうたくさんの草を敷き詰めてもう一度発車させるとトラックは川からはい上がった。

ジャックはそのまま行っちゃうんだろうな、と思っていたら、インド人のトラックとロープで連結して、これを引っ張りあげた。人々は喜んでいいのかどうか、複雑な表情である。誰もジャックに話しかけようとしないので、私が近づいて、ジャックに、

「よかったですね。すばらしい」

と言って握手を求めた。うれしそうに彼は笑った。

二日目の夕方、やっと道がよくなり、出入国手続きする町に近づいた。

結局ジャックがトップで行ってしまった。われわれはビリになり、しかも道路脇に突っ込んでしまって動けなくなった。救援してくれるトラックを待つうちに暗くなった。

英国人のペアと米国人は、とうとうこのトラックを捨てて歩いていってしまった。私の方は、このトラックが好きだし、なにしろ腹が減って動けない。急ぐ旅でもあるまいと残る。トラックの乗員は皆、とても喜んでくれた。

何台かトラックが通り過ぎ、そのたびに助けてもらえるかと喜んだが、のめり方が激しすぎて脱出できない。とうとうまた荷物をおろすことになった。もうこれでは商品にならないのではないか。使えるものはスーダンの空のトラックに詰め込み、ダメなものはわれわれのトラックに詰め込む。この作業の途中、スーダンの警官がやってきて、道路を妨害したとかで600ケニアシリングの罰金を言い渡した。スーダンなのにケニアのお金で払わせるんですね。罰金の額が法外だといって、われわれの運転手は頭に来ていた。

夜中の1時頃になってやっと作業が終わった。2時頃町に着いた。運転手が私に抱きついてきて、

「どうだヒロシ、追いついたぞ」

と言った。

次の日起きると、ジャックが私のところに握手しに来た。

われわれのトラックはナイロビに引き返すことになった。かわりに、私のためにスーダンのトラックを世話してくれるという。運転席にタダで乗せてあげるというのである。トラックを捨てなくてトクした。

税関でスーダンのトラックを待っていたら、荷物を積まなければならないので今日は出発でき

ないとのことで、われわれの運転手が、ジャックの車で行った方がいいだろうと言い、その交渉に行ってくれた。ジャックはすぐにOKしてくれた。助手のヘンリーが飛び上がって喜んでくれた。英国人のペアもジャックにまた拾われた。米国人は、ジュバで返すからと言って私からケニアのお金を借り、乗り合いトラックで行ってしまった。この国境ではドルは両替できなかった。その後、この米国人には会っていない。

やっとスーダンに入ったものの、ここからがまた長い旅だった。ジャックのトラックのタイヤの外枠はあちこちちぎれていて、車輪が回るたびにペタン、ペタンと音がする。なんでこんなタイヤでと思った。とにかくスリル満点である。ジュバまでとてももつと思えない。マラソン選手が走るぐらいのスピードで進み、三日かかってトーリートという町に入った。すごい道で、カナダ人女性のリュックがトラックの荷台から落ちて紛失してしまった。

ヘンリーの話ではトーリートからジュバまでは一日でいけるそうだ。明日はジュバに着ける、というので、皆陽気で、夕食も肉のたっぷり入ったシチューだった。私は食べ過ぎて、ナイロビを出てから初めて下痢をした。以後半月ぐらい下痢がとまらず悩まされることとなる。

次の日は朝から出発できるように皆が準備していたのに、肝心のジャックが前夜から戻ってこない。セイブ・ザ・チルドレン・ファンドにいるんだそうだ。子どもの権利保護のための国際的なNGOである。この町に医者が常駐していて、それも英国人だそうだ。午後になってジャックが戻ってきて、もう一晩いようという。女性たちが不満を漏らしたが、その晩は結局トーリート・

イングランドチャーチという教会に泊めてもらうことになった。ジャックは教会の人と親しいらしく、各地の連絡先は教会になっている。教会で久しぶりにちゃんとした夕食を食べ、川で水浴びした。そして、夜はヘンリーと一緒に地酒を飲みに行った。人々の肌が黒いので、真っ暗闇の中で体の輪郭が判然とせず、目玉だけがうごめいているように見えた。手のひらも白かった。

次の日、セイブ・ザ・チルドレンの女医さんのところで昼飯をごちそうになってからとうとう出発した。が、すぐに雨が降り出した。道が極端に悪くなる。前方で川のせきが崩れ、トラックが並んでいる。やあれやれ。運転手たちが今日はジュバにいけないよ、と言う。しかし、こういう場面になるとジャックという人は俄然勇敢になるのですね。多少手直ししただけで真っ先に渡りきってしまった。

だが悪路は続く。夜9時までのろのろ進んでから、とうとうこの夜はまた野宿することになった。地面が湿っているので、学校を見つけ、その廊下で寝ることになる。たきぎをもらってきてガソリンをぶっかけ、いつものようにキャンプファイアーをたく。しかし、食べるものはもうウガリとわずかなソースだけしか残っていなかった。この夜は深夜の一時まで、何をするでもなく火のまわりに座っていた。ジャックが私に、

「ヒロシ、ジュバは遠いね」

と言ったのをおぼえている。

翌朝起きると、私はナイロビを出てから初めてズボンをかえた。今日こそはジュバに着けるだ

ろうと確信できたからだ。それまではいていたズボンは、きたないなんて域をとっくに通り越して、もともとの色が分からなくなるぐらいになっていた。

予想通り、この日の正午にジュバに着いた。8月15日の土曜日だった。

皆バラバラになり、私はアフリカホテルに泊まることに決めた。6人部屋で、随分ボロなベッドだったが、やっとホテルのベッドに横たわれて、天国に着いたような気がした。

3

ジュバは現在、南スーダンの首都である。南スーダンは、スーダンから2011年に分離して独立した。

スーダンは1956年に英国から独立したが、当初から南北間で対立があり第一次内戦が起こっていた。というのは、民族的にも宗教的にも南北間で大きく違うためである。北部はアラブ系の民族が中心で、宗教的にもイスラム教徒が多いのに対して、南部はアニミズムの伝統的宗教とキリスト教を信仰するアフリカ在来の民族が多く、ディンカ族（約100万人）をはじめ、ヌエル族など、人類学の文献でよくお目にかかるナイル系の民族が住んでいる。

1972年に南部に制限付き自治権が与えられ、将来の南部の分離独立を問う住民投票も認められ、南北の内戦は一時終結したが、1974年に油田が発見され、その多くが南部にあったことから紛争は激化し、1983年に第二次内戦が起こった。そして、結局南部は独立するに至ったのである。

ジュバはずっとスーダン南部の中心地であったから、私はものすごい大都会だろうと思っていた。確かに町の広さは、トラック旅行で疲れた私には十分すぎるほどであったのだが、およそ都会という感じでない。夜になると真っ暗で、あかりは石油ランプである。そして暗くなるとともにほとんどの店が閉まってしまう。

もともと昼間でも食事できるところはそんなに多くなく、暗くなってから開いているのは、私の知っている限りでは二つしかなかった。一つはグリークハウスといって、外人クラブみたいなものである。ジュバに着いた日にジャックと約束してここで食べた。ここで商売している白人はギリシャ人が多く、店で買い物するとギリシャ語の新聞紙で包んでくれた。もう一つはプリズナーレストランといって、文字通り訳せば囚人のレストランということになるが、こちらには行かなかった。

レストランが少ないので、特に夜は自分で用意して食べることになるのだが、売っているのは缶詰が多く、それが前に述べたようにケニアの倍もするので、バカらしい感じがした。

それで、早く次の行き先を決めて移動しようと思った。一番最初の予定では、ナイロビに戻るつもりでいた。それがだんだん、もうちょっとみてみようというふうに気持ちが変わってきて、スーダンをもうちょっと北上しようかと思うようになっていた。ジュバからナイル川を船でさかのぼってコスティという町まで行くことができ、そこからはハルツームまで近い。ちょうど私がジュバに着いた前日に2週間ぶりにこの船がやってきて、そして月曜日に出航できそうだという。これに乗ろうかと思った。ところがアフリカホテルで私の向かいのベッドにいた日本人がなんと人類学者だそうで、なんというか突っかかってくる感じの人で、この人もやはりコスティまで船で行く予定だというのだ。船は10日ぐらいはかかるであろう。その間足の踏み場もない状態で一緒にくっついていれば確実に喧嘩になる。別になるに限るということで、私は西に向かっていくことにした。

そういうことで、イミグレーションオフィスに行って、セントラルアフリカに行く準備をした。しかし、スーダンから直接セントラルアフリカに入るのはまずい、ということはガイドブックを読んでよく分かっていた。というのは、国境までのトラックがあるのは分かったのだが、セントラルアフリカに入ってから最初の村まで１００キロあり、この間輸送機関がほとんどないというのである。歩く覚悟がいる。そして、その道には象やライオンが出没するという。だから、手続を進めていてもあまり気がすすまなかった。

このようなとき、同じホテルで友だちになったエチオピア人の学生が、ザイールに入って、ザイールからセントラルアフリカに入ればよいと教えてくれた。そう言われて地図をみてみると、確かにザイールは近い。ビザも持っている。そして、ジュバの郊外にあるマラキアマーケットに行ったときにソマリア人のトラックにタダ乗りしていた人に再会したので事情を話すと、トラックどころかバスが毎日、ザイールとの国境近くまで出ていることを教えてくれた。これに決めた。

こうして、ジュバに着いて五日目の朝、国境近くのイェイという町に向かって出発した。7時発のバスが6時50分に出た。満員にならなければ何時まででも待つのだろうが、満員になれば定刻まで待つ必要もないから出発というわけだ。

イェイには昼過ぎに着いた。近い。しかも、すぐにザイール行きのミニバスが出るというので、これに乗って待っていた。ところがもう料金も払ったのに今日は出発しないと運転手が言うのである。客が怒り出したが、結局皆おりた。私自身は下痢がひどかったのでかえってよかったと思った。

この町のレストハウスに行って泊まることにした。着いたらすぐに大雨になり、夜中まで続いた。

ここの宿代のことでトラブルが起こった。こうだ。1泊1.5ポンドだというので、10ポンド札を出した。国境なので、もうこれだけしかスーダンのお金を持っていなかった。ところが宿の方でおつりがないという。そばにいた少年にホテルの人がお札を渡して、くずしてくるようにと言った。少年は出ていった。ところがいつまでたっても帰ってこない。お金がないから私は携帯の食料で夕食をすませて寝た。翌朝になっても少年はまだ帰ってこない。どうなっているのかとホテルの人にきくと分からないという。やりとりしているうちにお互いに誤解していたらしいことが分かった。私はこの少年をホテルの使用人だと思ったのだが実はそうではなく、一方、ホテルの方は、この少年が私とほぼ同じ頃に入ってきたので私の友人と思ったらしいのである。どうせもう国境だし、バス代も払ってあるので、10ポンド（ヤミレートでちょうど10ドル相当）ぐらいは捨ててもいいかと思って、そのままバス乗り場に行った。ところが、ミニバスがいよいよ出発する段になってホテルの人がやってきて、

「この日本人はまだホテル代を払っていない」

とわめきだした。私も怒ってしまった。

「もう10ポンドも払ったんだ！」

と言って、ミニバスに乗っていた人々に説明すると、それはホテルが悪いということになって、客の半分ぐらいがザイールの女性だったが、ホテルを非難する合唱をし始めた。助かった。助かったのはいいが、ザイールの女ってでかい声を出すんだなあと思った。いつもがやがやと陽気に話している。そしてビールを水のようによく飲む。このイメージはずっと変わらなかった。

昼過ぎ国境に着いた。出国は簡単だった。

入国に手間がかかった。国境での荷物検査がこんなに厳しかったのは初めてだ。リュックと手提げ袋の中のありとあらゆるものを係官と5～6名の警官ないし兵隊の前でさらけ出さなければならなかった。補聴器や電池など引っかかるかと思ったら意外とすんなりすんだ。長々とやられているうちに一体何を探しているのか分からなくなった。このルートでよく見つかる密輸品とは何なのか？

荷物検査があまりに長引いて、ほかの乗客が迷惑するとバスの運転手が催促しに来たので終わりになった。しかし、私に付き添って係官が最初の町のアバまで行くそうだ。

夕方アバに着くと、まず税関があった。また荷物を出せという。あきらめてコンクリートの床の上に全部並べた。いよいよ始まるんだな、と思ったら、

「ハイ、しまっていいよ」

疲れた。

アバには1軒ホテルがあった。一人ずつ、一戸建てのワラ小屋に入る。快適だった。両替もホテルでやってくれた。1ドルが7ザイール。

翌朝入国スタンプをもらいに行くが、くれない。その理由というのが、パスポートがフランス語ではなく英語で書かれているから、というのである。翻訳できる者を呼ぶから明日でなければ手続きできない、と。ところが、係官は英語もしゃべれるのである。どうもおかしい。ホテルに戻ってガイドブックを読んでみると、ザイールでは役人との間でしばしばトラブルが起こるであろう、しかしそれはなにがしかのお金で確実に片づくであろう、と書かれている。ワイロがほしいわけだ。ホテルの人に確かめたら、その通りだという。なんでも、ザイールでは3ヶ月ぐらいの給料遅配はザラで、ワイロで生活するしかない状態らしい。ホテルの人が一緒に行ってくれることになった。出しやすいポケットに10ザイール別にしておくようにと注意される。係官の部屋に誰もいなくなるまで待ってから入る。ホテルの人が係官の預かっている私のパスポートを手に

とって、何もおかしいところはないと説明し始める。今度は係官の方がオドオドした感じである。いつお金を出すのかな、と注意してみていたら、出すまでもなく入国印をポンと押してくれた。これで入国手続はすべて終わった。

ザイールは1965年からモブツ大統領の独裁が続いていたが、1997年に崩壊し、今はコンゴ民主共和国という国になっている。

4

疲れたし、トラックが午前中は来なかったので、出発は明日以降だろうと思ってホテルのベッドで寝ていたら、ホテルの人が入ってきて、

「さあ出発だよ!」

と私に声をかけた。

トラックの乗員はすべてスーダン人だった。ザイール製のビールの空き瓶をジュバからイシロまで運ぶのである。ここではビールよりビール瓶のほうが高い。

このトラックはとにかく速かった。一晩野宿して、次の日の夕方にはイシロに着いた。

現地人用のホテルに泊まる。そして、もう一つの上等なホテルに行って、そこのベルギー人経営者に両替してもらった。1ドルが9ザイールに上がった。ヤミ両替は違法だが、銀行で替える

と半分にもならない。ザイールの通貨は全然信用がないのである。場所によってレートは違うが、概して中央政府に批判的な地域ほどヤミレートもよくなる。

ホテルに着いて三日目の朝、鉄道の切符を買いに駅に行った。鉄道ときいてビックリされるかもしれないが、地図をみるとイシロからブンバまで走っている。

駅員が、

「この駅にジャポネがいる。ムッシュー・イラノだ」

イラノ？　そんな姓があるかな？

とにかく駅員について行ってみると、駅の裏に修理工場があり、その事務室の一番奥に日本人が座って電話をかけていた。私をみると手招いてくれたので、彼の机の前の椅子に座り、電話が終わるのを待つ。電話をかけながらも部下の持ってくる書類にサインしている。漢字で「平野」と書いている。それで分かった。フランス式だとHを発音しないので、イラノになる。電話で話していた言葉はフランス語だったが、部下にはリンガラ語で話していた。アバでは一般の人々はスワヒリ語を話していた。だから、アバとイシロとの間にスワヒリ圏とリンガラ圏の境界があるはずである。イシロはもう東アフリカではないのだな、と思った。

平野さんは、私のいるホテルの宿泊代や食事代をきくと、高いといって、彼の家に泊まればいいと言ってくれた。そして、仕事が一段落着いたところで、車で家まで連れていってくれた。立派なお屋敷だった。男の使用人が一人いる。ここに平野さんは一人で住んでいるのである。駅から5分のところである。

駅で平野さんと別れ、ホテルに戻ってから荷物をまとめ、正午に平野さん宅に行った。そして昼食をごちそうになった。

平野さんが午後仕事に行っている間に、私は翌日の列車の切符を買い、缶詰などを用意し、手紙を出した。缶詰はすべてヨーロッパから来たものだった。スーダンでは圧倒的にケニアの製品が多かったのが、イシロでは西の方から流れてきている。言葉だけでなく、物の流れからしてもこれまでとは違ったところに来ていると分かった。ただ、蚊取り線香だけはどちらでも中国製だった。

夜の食事は日本風にしようと言って、平野さんが使用人につくらせたのは、スパゲッティを使ってつくった焼きそばだった。大変おいしい。これは多分調味料のせいである。契約では6ヶ月働くたびに1ヶ月帰国できることになっているそうで、その際いつも、しょう油、ソース、味の素、味噌などを持ってくるのだそうだ。

2年前までは奥さんや子どももザイールに一緒にいたそうだが、子どもの教育のことなどもあって帰国し、今は一人なのである。一人になってもザイールに残っている理由をきいてみたら、こちらだとぜいたくな暮らしができ、そして、いったんぜいたくな暮らしに慣れてしまうとなかなか元には戻れないものだ、という。

それに、もうザイールでの生活は10年以上になるそうだが、この数年日本に帰ってもすぐには日本人らしくできなくなった、というより、日本人らしくやろうとする気がなくなったのだそうだ。それ以前はちゃんと切り替えができて、日本に帰れば日本人らしく、ザイールにいればそれにふさわしくというふうにできたのに、そんな具合にいかなくなってきたというのである。

しかし、ザイールは安定した国とはいいがたい状況だった。何度か大動乱があった。そして、平野さんの意見だと今もまた危ない状況になってきていて、いつまでザイールにいられるか分からない、と。

平野さんは1週間ぐらいいたらどうかと言ってくれた。大変ありがたい申し出であったのだが、たまたま翌日に列車が出発するのを見逃す気にはなれなかった。何しろザイールは予定の立たないことで有名で、私はこの頃からこの国の大きさにまいり始めていた。

平野さんはこの夜、私が乗るはずになっている列車を見せに連れていってくれた。バスを改造したジーゼルカーだ。これを考え出したのが平野さんである。その後、火力発電所にも行った。ここも平野さんが管理しているのだった。こういう責任ある仕事を任されている日本人がいるなんて予想外だったが、こういうタイプの日本人って結構いるんじゃないかと推測される。

予定通り8月25日の朝出て、ブンバに向かった。列車は快調でまったく故障しなかった。しかし、対向車を待つのに時間を食った。対向車のジーゼルカーにRESSYAと書いてあった。つまり、列車ということで、日本製なのである。乗った感じは、軌幅が狭く、見たところ60～70センチぐらいしかないため、揺れがひどい。これで疲れた。

この夜は途中のアケティ駅構内に泊まった。コンクリートの床に寝袋を敷いて入るとすぐに眠り込んだ。

翌朝9時に出発ということだったのが、11時に変わった。しかし正午を過ぎても出ない。気がつくと、いつの間にかイシロに行く列車が駅に入っていた。午後2時頃、駅の構内でリュックに尻をおろしてボンヤリしていたら突然騒がしくなった。ドカドカと兵隊がやってきて捜査しているようで、やがて若い男が連行されていった。あとで列車内で友だちになったザイール人にきいてみたら、イシロに行く列車の中で兵隊の一人が子どもから90ザイールだかを奪い取ったそうで、それに文句を言う人が出て騒ぎになったが、文句を言った方が連行されることになってしまったらしい。ひどいもんだ。

友だちになったザイール人の親も、1964年から67年の動乱のときにキサンガニで殺されたのだそうだ。ザイールの民衆は穏やかで陽気なのに、兵隊は気が荒く、近づくと危ないとよく言われていた。

アケティからブンバまでも列車は快調に走った。夜9時にブンバに着き、駅近くのホテルに泊まった。

私の次の目的地は、ウバンギ川をはさんで、セントラルアフリカの首都バンギの対岸に位置しているゾンゴだった。運よく、ゾンゴに行く途中にあるゲメナ行きのトラックが見つかった。ブンバに着いて三日目の朝6時に出発ということだったので行ってみるともう出発してしまっていた。それから改めて情報を集めたところ、ベルギー人の実業家から、現在ゲメナ経由でゾンゴに出るのは道が悪くて難しい、それよりも北のヤコマまで行って、ヤコマからゾンゴに行った方がよい、と言われた。経験的に、こういう種類の情報は白人の方がずっと上と思っていたので、方針を変え、ヤコマ行きのトラックを探し始めた。すぐに見つかって、同じ日の午前10時にはヤコマに向かっていた。このトラックは有料だった。

同じ日の夜11時過ぎにヤコマに着いた。トヨタのトラックは上等だった。しかし、身動きできないほど人を荷台に乗せるので、本当に疲れた。そして、早くザイールを抜けたいという思いばかりが強くなった。ガイドブックには、セントラルアフリカではバスが走っていると書かれていたので、早くバスの走っているところに出たいと思った。それに、ザイールは食べ物が悪い。ザイールでの主食はマニヨック（タピオカ）であるが、これはこれだけで大量に食べるなんて無理である。それに、朝売り出したときからすっぱいにおいがする。暑いのですぐに腐ってしまうのである。トラックが疲れるのも、道が悪いせいもあるのだが、栄養が足りないのでこたえるのである。それを無理に食べようとしても、下痢ばっかり。スーダンに入るときに足に怪我をした。普通のすり傷だ。これが膿んだ。平野さんのところでやっと治ったかにみえたのに、また膿みだした。赤チンなど何の効き目もない。やっぱり体力を回復しないとダメだ。

実はヤコマに着いた晩、私はヤコマに着いたのだとは気がつかなかった。まだ途中で、一晩休んでからヤコマまで行くのだと思っていた。だから朝起きて、ホテルの主人からもうヤコマにいるのだと教えてもらったときはビックリした。そして、フェリーで川を渡ればバスがあり、バンガッスーに行くそうだ。へえ、ザイールにもバスがあったのか、といぶかしく思いながらも、とにかく川岸に行く。ウバンギ川がここで分岐している。イミグレーションオフィスがある。スタンプを押してもらう。

どうもヘンだと思う。私の考えでは、ウバンギ川の支流を渡ってもまだザイールで、ウバンギ川の本流に沿いながらバンガッスーの対岸まで行くのだと思っていた。しかし、もらったスタンプは出国スタンプである。

「まあどちらでもいい」

そう思って、木をくりぬいたピロケーに乗って川を渡る。私一人に船頭が二人。川は静かに流れている。水に手をぴちゃぴちゃひたして遊んでいた。

20分ぐらいだろうか。渡りきったところはすでにセントラルアフリカだった。

5

着いたのはケンバという村だった。ヤコマのホテルの主人が教えてくれたのは間違いで、バスどころかトラックも走っていないそうだ。30キロぐらい歩いてウアンゴという町まで行かないといけないと土地の人は言う。ザイールを意外に早く抜けたのはいいが、とんでもないところに着いたもんだ。

まあ仕方がないさ、と茶店で甘酒のようなものを食べる。食べるというよりは飲む。すると、何、なんとかなるもんですよ、という気持ちになった。

案の定、白人の小型トラックがやってきた。

「ウアンゴなら連れていってやる」

いい調子。午後まで待たされたが、とにかく彼のトラックでウアンゴまで行く。

ウアンゴには、コンクリートの土台に屋根だけふいた、市場のような場所があり、そこにたくさんの人が集まっていた。

ここに3晩泊まってバスを待った。トイレもなく、周辺の草むらに行って用を足した。バンギ大学で歴史を教えているという人と友だちになった。

バンガッスーとの間に荷物用のトラックは走っているのだが、ザイールとは違って人は乗せないらしい。バスを待つ間、雨が随分降った。こりゃいつ来るか分からんなと、バンギ大学の先生はふざけた顔でいう。4晩どころか1週間になるかもしれないと覚悟を決めたところに、バンガッスーの方からフランス人の旅行者がやってきた。ケンバから船が出て、直接バンギまで行くんだそうだ。それも明日出るとか。いい話だ。しかし、と思いとどまる。

ケンバでは現地の人に、ザイールのお金をセントラルアフリカのお金にかえてもらった。ここに来てきくと、私は半分のレートで買いたたかれていたのだった。ゾンゴまで行く予定だったので、ザイールのお金はたっぷり持っていたのだが、それでもバンガッスーからバンギまでのバス代ギリギリである。レートがしょっちゅう変わっていて、ガイドブックに書いてあるよりいいレートだと喜んでいたら、大損していたのだった。

これもまあ、仕方ないと言えば仕方ないが、困るのはセントラルアフリカには銀行は首都のバンギにしかない。バンギでしかドルはかえられない。フランス人がこちらにやってきたのも、ドルが両替できないのでバス代が払えず、安い船で行こうということなのである。ザイールのお金をちゃんとしたレートで両替してくれれば楽々いけるのにな、と思うと気分は穏やかではなく、再びケンバの人々をみる気になれないのだった。

そういう思案の最中に小型トラックがやってきた。尼さんが乗っている。私に、乗せてやるという。とっさに船の案は捨て、トラックに飛び乗る。

夕方にはバンガッスーに着いた。その晩は、尼さんがいるカトリックのミッションにタダで泊めてもらうことができた。

心配したお金は、次の日、白人の商店で頼んでみたら快く20ドルほど両替してくれた。トラベラーズチェックではなく、ドルの現金だったからである。やっと安心して腹一杯食べる。バスも翌日来るそうで、ターミナル、といっても道路がちょっと太くなっただけのところだが、その前にある安宿に泊まって、次の日の朝バスでバンギに向かった。このバスはバンギからバンガッスーまで来て、さらにウアンゴまで行き、それからまたバンガッスーに戻ってきたのである。だからウアンゴで友だちになった人々とも再会することになった。

バスはあきれるほど速かった。道がいいのである。夜も休まず走り続け、次の日の早朝バンギに着いた。夢みたいに思われた。9月3日の木曜日だった。

その日は週末になる前にと、イミグレーションオフィスやカメルーン大使館に行ったりして忙しかった。少し寒気がしたが、これはバスで十分眠れず、疲れているためだろうと思った。しかし、翌4日には意識がもうろうとして、何が何だか分からなくなった。ビザの手続でカメルーン大使館に行ったときも、立っているのがやっとだった。そのためこの日はほとんどホテルで寝ていた。

5日は少し具合がよくなって、カメルーンのビザも無事もらえた。しかし夜からまた気分が悪くなった。とにかく寒い。

6日は日曜日で、体の具合はますます悪くなったので、やむなく持っていた抗生物質を服用した。ちょっとたつとものすごく汗が出始めた。それで熱も下がってきたらしい。しかし、薬のせいか、腰がだるい。うまく歩けなくなっているのに気がついた。

7日の月曜日はまた元気になって、両替したり、カメルーンのドゥアラからナイロビまでの飛行機の切符を買ったりした。その夕方、栄養をつけようと思ってホテルのレストランでサラダを注文したが、待っているうちに気分が悪くなって、サラダに手をつけずに部屋に帰ろうとしたところで卒倒して気絶した。気がつくと私のまわりに人がたくさん集まっている。

「大丈夫」

といって、部屋に戻る。

その夜はまったく眠れなかった。何度も小便に立ち、そして明け方部屋の床の上で気絶した。

8日の火曜日、これは普通の病気ではないと思い、タクシーで日本大使館に行った。病院を紹介してもらおうと思ったのだ。まだ早くて、館員が来るまで門の外で待ったが、立っていられないため、尻もちをついて座っていた。

日本人の館員は事情をきくとすぐに、

「マラリアですねえ」

と言った。

私もマラリアの予防薬は日本でもらってきて飲んでいたのだが、話しではマラリアにも種類があり、日本でもらうのは効かないそうである。

すぐに病院に車で連れていってくれた。医者は多分フランス人であろう。血液検査をしてから尻に図太い注射をした。夕方、マラリアであることが判明した。

入院はしないで、病院に行く際は大使館の車を回してくれることになった。

9日も尻に注射。10日も同様で、これでおしまいだそうだ。代金は全部で20ドルぐらいだったと記憶している。

これでおしまいといわれても半信半疑だった。事実、熱はひいたといっても歩けない。しかし、セントラルアフリカのビザ延長のためにどうしてもイミグレーションオフィスに行かなければならず、そこでもまた倒れて気絶してしまった。フランス人らしい人がランドローバーでホテルまで連れて帰ってくれた。

それから12日の朝まではほとんど眠っていた。その後少しずつ回復して、14日の月曜日には普通に歩けるようになった。この日、もう陸路でカメルーンに入るのはあきらめて、バンギからドゥアラまでの飛行機の切符を買った。

15日に大使館にお礼に行き、16日の午前10時40分、バンギを発った。

アフリカから帰って、西村滋人『永遠のサハラ』（立風書房・1982年）という本が出た。著者は人類学者で、アフリカでマラリアにかかって亡くなったそうである。したがって、この本も遺稿である。

私の場合、発病した場所が大変よかった。日本大使館があったし、それにセントラルアフリカにはフランス人がたくさん住んでいて、フランスの植民地のような感じだった。植民地国家らしくフランスと英国では熱帯医学の研究が進んでいるそうで、ある意味では日本に帰ってから発病するより、ここで出てしまった方がいい。

病後の食べ物も、ヨーロッパから直接空輸されてきたものを主に利用した。元気なら1000円もする食パンなど振り向きもしないだろうが、この際はとてもとてもありがたかった。このパンと一緒に、キャンプ用の携帯ガスでスープをつくって食べているうちに、また、市場で売っているものも食べられるようになってきた。こちらが元気でありさえすればバンギはとても楽しい町なのだ。果物や野菜の種類も豊富で、ザイールと比べて格段に色が豊かになっているのが分かる。人々も活気に満ちている。人々が歩いていくのをホテルから眺めていて、皆美しい歩き方をしているなあと感嘆した。しかし同時にまた、なんの用事があってあんなに大勢歩いているのだろうかとも思った。

人々が落ち着いているので、私が入国するちょっと前にクーデターがあったとは信じられないぐらいだった。Wikipediaで検索してみると、1981年9月1日にクーデターでダッコ政権が崩壊している。クーデターのことはウアンゴでバンギ大学の先生からきいて知った。確かにバンギの中ではフランス人将校をひんぱんに見かけたのだが、そもそもダッコ政権もフランスの支持があってこそ成立し得ていたのでこれがクーデター後になってからのことかどうか分からない。バンガッスーでパスポート検査のために警察署に立ち寄ったときには、壁に「われわれはダッコを支持する」というポスターが貼り付けてあって、どういうことなのかよく分からなくなった。

ドゥアラの空港に着いてから、両替所にパスポートを置き忘れたのにタクシー内で気がついて、あわてて戻る。病後で相当ボンヤリしているようだった。

ドゥアラには、ナイロビ行きの飛行機を待つ間の3晩泊まったが、夢の中にいるような毎日だった。やっていることはちゃんと分かるのだが、魂が抜けたみたいなのだ。そしてわけもなく不安になって落ち着かなくなるのだった。

ただ、こういう状態が病後だからという理由だけのためなのかどうか、今もハッキリしない。ココアのまろやかな味があるでしょう、ああいう感じの町で、私もとろりとそれにとけ込んでしまったのかもしれない。すべてが丸く感じられた。熱帯雨林というのが肌で分かった。実際、ドゥアラの町から一歩出ればもう密林である。毎日雨が降った。たらいからひっくり返したような土砂降りが何時間も続く。

私の泊まったホテルパルミエはニューベルという、ドゥアラの下町にあった。ニューベル全体が市場のような感じで、そのごみごみしたところが私の気に入った。何を食べてもおいしかった。とりわけ、魚の炭火焼きは圧巻である。

ホテル内のレストランもよかった。ここに大きな壁絵があって、昔の王様のなのか、あるいは裁判なのか、とにかくそういったものが描かれているのであるが、この絵がまた不思議な絵で、見つめているうちに正気を失ってしまいそうになるのだった。怖くて写真には撮れずじまいになってしまった。是非ともまた行きたいと思っていたのだが、30年以上たって、今はどうなっているのであろうか。

9月19日の深夜にドゥアラを発って、20日の早朝ナイロビに戻った。うれしかった。さっそくイクバルホテルに行く。入った部屋に日本人が二人いた。久しぶりに日本語で話して、とても楽しかった。イクバルで再び多くの日本人に会い、たくさんしゃべった。そうやって楽しくやっているうちにどうにか正気も戻ってきたようだった。毎日あきれるほど食べまくった。

9月24日の深夜ナイロビの空港に行き、25日午前2時発の便でナイロビを発った。空気が、着いたときと同じようにとてもおいしかった。そして、カラチを経て26日の正午過ぎ成田に着いた。私は看病してもらいながら帰国することになるのかと予想していたのだが、逆に、看病しながら帰国することになった。ケニアに来てサファリに出かけた人が木の枝で目を突き、手術後、脳膜炎のおそれもあるとかで、急きょ私と同じ便で帰国することになったのである。ほかに日本人が二人いて、計4人で一緒に帰った。おかげで、カラチからマニラまでは生まれて初めて飛行機の1等席に座らせてもらえた。マニラまではたいてい満員になっている。というのもアラブに出稼ぎに行く人が多いためである。そこで特別に1等席でゆっくりしていいですよ、と言われたのだった。

6

以上が1981年にアフリカに行ったときの旅の概要である。

この年の5月3日に私の娘が生まれたので、それから2ヶ月後に旅に出たわけである。当時ケイタ慎子『マリ共和国花嫁日記』（現代史出版会・1908年）という本を読んでいて、その著者の名前をとって娘の名前にしたぐらいアフリカに入れ上げていた。

アフリカから帰った翌1982年夏にもアフリカに行きたいと思って、私は、ソ連からギリシャまで陸路で行き、このあとアフリカに渡ってサハラを縦断し、西アフリカまで行くという遠大な計画を立てた。ところが、社会主義圏の旅だけで疲れてしまって、アフリカにたどりつく前に旅行を中断し、ギリシャから日本に戻ってしまった。

冷戦時代の80年代前半は、個人旅行の形でサハラを縦断することは可能であった。しかし現在は、サハラ砂漠の周辺はまさに国際紛争の現場になってしまっている。2013年1月にアルジェリア北東部リビア国境近くの天然ガス施設がイスラーム急進武装集団によって襲撃され、日本人を含む多くの犠牲者を出したことは記憶に新しい。行ける時に行っておかなければ行けなくなる可能性がある、ということは何度も痛感させられてきた。

90年代に入って冷戦時代が終わるとアフリカではあちこちで内戦が起こり、動きにくくなっていった。

1993年の夏にモザンビークに行こうと思い、準備をしていたのだが、黄熱病の予防接種をしたあと体調を崩し、断念した。その後、93年11月18日に、南アフリカで暫定憲法草案が採択された。そして、94年4月27日の全人種参加選挙で白人支配が終わった。こういう動きを眺めながら、関心は南アフリカに移った。

1994年当時、台北発ヨハネスブルグ行きの中華航空便があり、沖縄からだと往復21万円だった。那覇市教育委員会生涯学習課長だった仲田美加子氏がヨハネスブルグで日本人学校の校長をしていた仲地勇さんを紹介してくれて、連絡を取ってから行った。また、久茂地文庫の喜納勝代さんからも、仲地さんと、ザンビアにいるカラブラ初子さんへのお土産を託された。

9月5日（月曜日）、朝6時ヨハネスブルグに着いた（日本より7時間遅い）。空港で500ドル両替した。1ドルが3.7ランドぐらい。

リムジンでロトゥンダバスターミナルへ行く。途中、街路に紫色のジャカランダの花がいっぱい咲いていて、幻想の国に来たような錯覚をおぼえた。

ターミナルから歩いてヒルブロウという、新宿の歌舞伎町みたいな歓楽街にあるホテルまで歩いた。予約したホテルに着いたらすぐに、売春婦が出入りするホテルだと分かった。そういうことより、周辺の道路に朝からうずくまっている人々がたくさんいるのが気にかかった。

まだ部屋の掃除が終わっていないというのでフロントに荷物を預け、タクシーで日本人学校に行った。交渉で40ランドだった。仲地さんから宿をかえた方がいいと言われ、日本人学校近くのリンデンホテルというところに決まった。

仲地さんの車を学校の運転手と思われる人が運転してくれて、まず荷物をとってきた。仲地さん宅で昼食後、バスは使い物にならないのでタクシーでヨハネスブルグ中心部に出て、地図等を買ってから歩いてみた。

最初なかなか方向感覚がつかめなかったのだが、歩いているうちに鉄道駅に出た。確かに、かつて白人用と黒人用が別になっていた名残で入口が二つある。すごいもんですね。町の中心部を歩いての感じは、巨大な鉄筋コンクリートのビルの色が印象に残り、サンパウロと似ている。鉄道駅の隣がロトゥンダで、そこからタクシーでリンデンホテルに戻ってきた。

夕方6時半に仲地夫妻が来た。中華料理屋に連れていかれ、そこで、南アフリカ産のワインを初めて飲んだ。確かにおいしい。南アフリカは、生水も大丈夫だそうである。

6日（火曜日）、7時過ぎに朝食後、タクシーでロトゥンダに行く。ジンバブエの首都ハラレまでのバスが7日午後1時に出ることが分かったが、すでに満員だそうで、キャンセル待ちとなった。

ブラブラ歩くうち、駅の隣のJubert公園に出る。多くの人たちが朝っぱらから寝ころんでいる。仕事がないんでしょう。

続いてヒルブロウに行く。人通りがあり、歩いていても危険は感じなかった。歩いていたらPadsという大きなアパートに出た。部屋を見せてもらう。バス・トイレ付き、キッチンはなしで1日58ランド。部屋は広く、ベッドも大きい。ベランダもついている。お湯も出る。すごくいい。とりあえず5階の部屋を1日借りたあと、考えて、1ヶ月借りることにした。1週間が350ランド、1ヶ月が710ランドなのである。1ヶ月借りた場合、1日あたり20ランドほどになる。

それからタクシーで仲地さん宅に行き、奥さんにPadsの住所を教えた。食事をごちそうになってから、歩いてリンデンまで帰ってきた。

地図で見ると、直線距離ではそんなに遠くないが、まっすぐ行く道がないため、仲地さん宅を

5時過ぎに出て、着いたのは6時半だった。途中で暗くなり始めたときはとても怖かった。白人街であるが、ほとんどの家の塀に警備会社の看板がはられている。ARMED RESPONSEとか、EAGLE WATCHとか、ドキンとするような文句の看板なのである。歩いている人は少なく、それもほとんど黒人である。もし誤解されて撃たれたらおしまいだ。

仲地さん宅では家の門や駐車場の門、それに車も全部リモートコントロールで開閉する。車が信号で停車したときに強盗にやられるという話は仲地さんからきいた。それで日本人が発砲したというニュースも、日本に帰ってから新聞で見かけた。ブラジル以上に危ない。

リンデンホテルのそばのホットスパーでワインを買ってから帰った。10ランドぐらいからいろいろある。シャワーのあと、ワインを飲みながらテレビをみた。そのうち酔っぱらって寝てしまった。アルコール分12％で、結構強い。

7日（水曜日）、8時にリンデンホテルをチェックアウトした。タクシーでPadsに行ってからロトゥンダに行くと、出発直前の午後1時前になって空きが出て乗れることになった。片道330ランド。

バスはどんどん走った。休憩の時、バスガイドさんにジンバブエドルに両替してもらった。夕方7時過ぎに夕食になる。夕食代も込みである。夜9時過ぎてから国境に着いた。出国手続きはガイドさんが代行してくれる。入国手続は、ガイドさんがあらかじめ用紙を配ってくれて、すでに書いてあった。イミグレーションでは、どの町に行くのかを尋ねられただけで、出国チケットはいらなかった。こんなに簡単だとは思わなかった。

8日（木曜日）、朝6時過ぎにバスはハラレに着いた。町の中を2キロほど歩いてアールサイドホテルまできて、投宿した。着いた日にザンビア大使館に行ってビザを申請し、当日の午後4時に受領できた。

ハラレというのは、かつてソールスベリーに接した黒人の居住地区（タウンシップ）の名称で、長距離バスターミナルの周辺にあったらしいが、それが現在は首都全体の名称になっている。治安がよくて美しい町、というふうにきいていたのだが、不景気のせいもあるのか、そういうふうには感じなかった。南アフリカから来たせいもあるのかもしれない。町は黒人がほとんどである。白人がいないのではなく、歩いていないのである。混ざっていない分緊張が少なく、歩きやすかった。

夜、ホテルのレストランで早稲田大学人間科学部5年生（つまり留年中）の豊田英男さんに会い、週末の10日から12日までカリバ湖に一緒に行ってきた。

カリバ湖はザンベジ川の中流をカリバダムでせき止めた人造湖で、ジンバブエとザンビア国境にあり、南端はヴィクトリアの滝になっている。2ジンバブエドル札にカリバダムが描かれている。カリバダム周辺が国立公園になっており、われわれがバスを降りたところは国立公園内だったが、どこからが公園なのかはっきりしなかった。確かに公園内に入ると野生の動物は増えた。動物の彫刻かと思ったら本物だったりした。大型の動物が野生状態で放たれているわけだから車が必要である。われわれはレンタカーで動いた。

ハラレに戻ってから、13日（火曜日）、早朝の便でルサカに行き、ルサカホテルに投宿した。カラブラ初子さんとホテルのロビーで初めて会った。私は喜納さんからのお土産を届けるということできたのだが、喜納さんによると、初子さんは未婚の母とか離婚した母子家庭の女性のためにミシンや刺繍の職業教育をしているということであり、15日にその活動を見せてもらえることになった。それで、この日ザンビア航空で16日のヨハネスブルグ行きの切符を買った。

ルサカは治安が悪いときいていたし、当時戒厳令が出ていて、深夜は外に出られないそうだったが、歩いた感じでは落ち着いていた。ただ、物がない。スーパーに入ってみると、輸入品ばっかりと言っていい状態である。ビールは一缶1ドル弱で、ボツワナ製だった。

14日（水曜日）はガイドブックに書いてあるのに従って、メインストリートのカイロロード南端からミニバスに乗って動物園・植物園に行った。これぐらいしか行くところがないのである。動物園などがらんとしていて、客はたぶん私一人だった。

隣の植物園にはいろんな植物があって、色がきれいだった。竹も印象的だった。ここのベンチで昼寝してから、またミニバスで中心部に戻ってきた。

南北に鉄道が走っていて、それに並行して西側にカイロロードがある。高い建物はこの道路沿いにある。駅の北側と南側に陸橋が架かっている。東側の南北に走る通りは非常に広かった。道路と道路の間が公園みたいになっていて、アフリカだなあ、という感じがした。南の陸橋のたもとには露店市場があり、その近くでサーカスをやっていた。

15日（木曜日）、9時頃カラブラ氏がパジェロで迎えに来てくれた。自宅に連れていかれた。庭がきれいだ。夫妻の養子がサッカーボールを私の方に転がしてきて、いつの間にかパスして遊んでいた。また、国立民族学博物館の吉田憲司氏が来ていて、挨拶した。研究者たちも出入りしているようだった。

やがて初子さんの運転で、二人で婦人アカデミーに行った。学校の教室みたいなところだったが、そこで前記のようにミシンや刺繍の職業教育が行われていて、講師は日本人と結婚したザンビアの主婦二人だそうだ。来年は機織りも教えたいとのことだった。

カラブラ氏宅に戻ってから、カラブラ氏と話した。カラブラ氏は盲学校の校長をしていた人だが、この時はザンビア大学で教えていて、専門はスペシャルエデュケーション、つまり、障害者教育である。ザンビアが今経済的によくないのはモザンビークの援助をしていたからだとか、私有化が進んでいるとか、話の内容もいかにもエリートといった感じだった。英語の発音が非常にきれいではっきりしていて、ききとりやすかった。

日本食の昼食をごちそうになってから、夫妻と一緒に車で出て、建設中のカルチャーセンターを見に行った。レンガを一つずつ積んでいって、側壁ができたところだった。3人の若者が作業をしていた。こういう作業って、ベトナムでもしばしばみた。初子さんの希望は、ここに来ればアフリカ関係の資料は何でも手にはいるようなセンターにすることだそうだ。確かに敷地は広かったが、建物はそんなに大きくはなかった。その後、そこからそんなに遠くないザンビア大学にも行った。

16日（金曜日）、ヨハネスブルグに戻り、中華航空の事務所に行った。台北―ヨハネスブルグ間は週1便で、3週間目の便を予約していたのだが、2週間目の便（20日発）に変更した。この日の夜はPadsのベランダでビールを飲みながら通りを眺めていた。5時頃になると店は閉まり出すが、人通りは遅くまでなくならない。

17日（土曜日）から1泊で、バスでダーバンまで行ってきた。ダーバンは古くからインド人が多い町として知られているが、白人が多かった。黒人も、インド人もいるのだが、それぞれに分かれていて、相互に会話はない感じで、不気味な沈黙が支配していた。

ダーバンは亜熱帯だというので、暑いかと思っていたら、そんなでもなかった。日差しは強いのだが、風も強い。ビーチには規則的に波が打ち寄せている。バリ島の海に似ている。

19日（月曜日）は仲地さん宅に泊まった。20日（火曜日）の夕方ヨハネスブルグを発ち、21日（水曜日）の夕方7時に沖縄に着いた。

7

同年10月に、鈴木正行『あふりか浮浪』（学文社）のⅡ（1988年刊）とⅢ（1989年刊）を読み終えた。この2冊でアフリカの南部をカバーしている。非常におもしろかった。ジンバブエの首都がまだソールスベリーだった頃の様子と、その後、白人が南アフリカに出ていった後の様子が書かれている。アパルトヘイト時代の南アフリカの様子もすごく興味深い。

読んでいて、著者はもしかしたら私がナイロビで会った鈴木さんではないかと思い、学文社で鈴木さんの住所をきいて手紙を書いたら、同月8日に返事があって、確かに私の名前が鈴木さんの手帳に控えてあるそうだ。同時に、『あふりか浮浪』以外の彼が書いた本を2冊送ってくれた。11月20日に鈴木さんと東京のお茶の水で会った。午後2時半から7時まで、4時間半も話した。鈴木さんと会ったあと、続けて新宿で豊田さんに会って、豊田さんも鈴木さんの本を持っていることがわかった。

1997年の4月27日に初めて3人一緒に会った。このとき私は鈴木さんからキューバのことをきいて、この年、後述のようにサンパウロからキューバに行った。

それからずっと後のことになるが、2006年に私の娘が立教大学大学院の21世紀社会デザイン研究科に入学した時、鈴木さんもここに入学してきた。こうして鈴木さんは2年間、修士課程で娘と一緒になったのだった。何という偶然かと驚嘆した。

第2章　ブラジル

ペルー
ブラジル
ボリビア
パラグアイ
チリ
アルゼンチン
ウルグアイ
ベレン
トメアス
フォルタレーザ
テレジーナ
インペラトリス
ジュアゼイロ・ド・ノルチ
レシーフェ
アルコヴェルデ
サルバドル
イタブナ
イリェウス
ブラジリア
テイシェイラ・デ・フレイタス
カラベラス
ペドロ・ファン・カバジェロ
ベロオリゾンチ
ヴィトリア
ポンタポラン
グァイラ
コンセプシオン
リオ・デ・ジャネイロ
サンパウロ
フォス・ド・イグアス
クリチバ
アスンシオン

1

短い旅ではなく、1年間ぐらいはどこかに落ち着いてその場所のことを調べてみたいと私は思った。それでいろいろ考えてブラジルに行こうと決めたのが1984年の年頭だった。

ブラジルに行くと決めてから、当時沖縄の豊見城に住んでいた宜保マウロ先生にブラジルポルトガル語を学ぶことにした。妻の下の弟の修がブラジルに行く前にマウロ先生に習っていたし、妻の父や母も、同じ豊見城ということで、マウロ先生のことをよく知っていた。

マウロ先生の曾祖父母とその長男（マウロ先生の祖父）の3人は大正6（1917）年にブラジルに移民した。土地、財産はたくさんある家だったのに、なぜ移民したのだろうかと不思議がられている。曾祖父は、ブラジルに行って3年後、結核で亡くなった。曾祖母も亡くなった。マウロ先生の祖父は、ポルトガル系の女性と結婚したが、サントス港で積みおろしの仕事をやっているうち、箱が背中に落ちて、脊髄を折って亡くなった。マウロ先生の父親が生まれたばかりであった。沖縄との関係は途絶えた。マウロ先生の父親もイタリア系ブラジル人と結婚して、11人の子どもが生まれた。ブラジルでは人並みの生活をしていたそうである。そこへ、ある日、沖縄の親戚やってきて、

「本家の長男だからトートーメーの番をしなければならない」

トートーメーの意味が分からなかったが、とにかく行って拝みをしなければいけないよー、と。親族が土地を売って運賃を作ってくれて、船で沖縄に来た。マウロ先生が15歳の頃（１９６６年頃）であった。マウロ先生のお母さんも後から来た。

沖縄に来る前は、日本というのは世界で一番遠い国で、富士山、城があって、着物を着て、サムライで、下駄を履いて、すごいところへいけるなあと期待していたのだそうだ。来てみれば、沖縄は何もないかやぶきで、ブラジルよりも田舎ではないかとがっかりしたという。仏壇のある12畳の神屋（カミヤー）で暮らしたが、収入は少なかった。親族が拝みに来るときの餅が多く、カビを取り除いて油で炒めて食べた。パパイアをおかずにして食べた。こういう生活だったので、家族は３、４年でブラジルに帰っていった。マウロ先生は本家の長男として一人残った。定時制高校を出て、米人学校に転校し、そこで、沖縄出身の奥さんと会った。奥さんは、米人家族の家に養子に出されて、そのため、日本語は十分でなかった。

１９８４年４月29日に、初めてマウロ先生宅に行った。坂を登っていったてっぺんにその家はあって、雨が降っていたのにその家は異常に鮮明に感じられた。サンビセンテ外語学院という看板がかかっていて、屋敷内にはブラジルの植物がたくさん栽培されていた。妻の父母、妻、娘も一緒に行った。マウロ先生の子どもが、当時女の子一人、男の子が５人いて、娘はこの子たちとすぐに仲良しになって遊んでいた。

１週間に、昼３回、夜２回、計５回マウロ先生から学ぶことが決まった。１回２時間の授業ということだったが、2時間で終わらないことの方が多かった。特に昼は私一人なので、午後一杯やることもあった。夜の2回は日本語の授業で、生徒はほとんどがペルーやブラジルから来ている二世や三世だった。私の他に日本人が二人ほどいたが、この人たちは英語を習っていて、この授業では、日本語、ポルトガル語、スペイン語、英語と、四つの言語が飛び交った。参加していると日本語を教えるということの難しさがとてもよく分かった。日本語ってヘンな言葉だなあと思われた。そういう意識でいると、日本語は下手になるようで、大学で黒板に書くとき、漢字をど忘れして書けなくなるということが何度も起こった。漢字をど忘れすることは、その後、パソコンを常用するようになってからはもっと頻繁に起こるようになっている。

夜の授業は、ラテンアメリカの感じそのものだった。雰囲気が楽しくて、疲れない。いつもポテトチップスをポリポリかみながらやっている感じ。マウロ先生宅に出入りするようになってからいろんな人に会った。マウロ先生のつきあい方をみて、私もだんだん社交的になっていったように思われる。1984年10月の那覇祭で、私はマウロ先生たちと一緒に、裸のインディオの格好でサンバを踊った。といっても、私は全然踊れないので、踊りをみながら一緒に行列したというのが正確なところであるが、こんなことまでやってみたくなった自分をみて、変化の大きさにビックリした。

マウロ先生はブラジル人であり、日本において外国人であるということがどういうことなのかもずっと考えさせられた。ちょうど、私は、1984年度から国際私法といって、渉外関係法も教えるようになったので、講義にも直接役立った。さらに、弁護士として再び登録もしていたので、フィリピン人関係の事件でマウロ先生と一緒に出入国管理事務所に行ったこともあった。沖縄の中にひっそりと隠れるようにしてフィリピン人が住んでいることを、このとき初めて知った。

マウロ先生は、日本に帰化しようと思えばできる条件が整っていたが、そうすればブラジル国籍を放棄しなければならなくなるので、それはできないと言っていた。

「この沖縄で成功して、財産を作ったからといって、それでどうだというのですか」

とはっきり言うマウロ先生に、最初のころビックリした記憶があるが、だんだんと、日本の外国人受け入れシステムの問題点を痛感するようになった。当時、私も似たようなことを考えていた。沖縄ってのは本当に住みやすいところだ、それはそうだ、でも、だからといって、ここで老いぼれている私自身が想像できるか、と。それから30年たって、どうだろう。

ブラジルの教科書を使って授業を受けていたのだが、中学ぐらいになるともう大人と同じ扱いなのか、大人の悪い面など平気で出されていて、読んでいて面白いものが多かった。当時マウロ先生から習ったことわざの一つにこういうのがある。

「犬畜生のような友を持つよりは、友情に厚い犬を持った方がましだ」

2

大学を無給休職して、ブラジルのサンパウロに着いたのは1985年5月15日だった。もっと早く出発したかったのだが、ビザが整わなかった。長期滞在が可能なビザ取得を、ずっと前からマウロ先生に頼んでいたのだが、取得できなかった。いろんな方策を考えてくれたようだが、どれもうまくいかなかった。仕方なく、3ヶ月間有効の普通の旅行ビザで入国することにした。入国後延長ができるし、いったん隣国に出ればさらに3ヶ月滞在は可能である。

修は1980年にブラジルに行って以来1度も日本に帰ってきていなかった。当然、沖縄の親兄弟たちは心配していて、まず様子を見に行ってほしいと頼まれた。修はテイシェイラ・デ・フレイタスという町に住んでいた。

サンパウロのガルリョス空港はサンパウロ郊外に新たにつくられた空港で、まだ全面開港していなかったのだが、そこに着くと修が迎えに来てくれていた。意外だった。修が世話になっているKさん（修の雇い主）の電話番号が東京を出発する直前に分かったので、一応そこに電話は入れたのだが、修からの返事はなく、自分でテイシェイラまで行くつもりでいた。

空港から一般の乗り合いバスで東洋人街のリベルダージに行って、地下鉄駅前の大阪プラザホテルにチェックインした。このホテルは、現在はホテルアカサカといい、私はサンパウロでのホテルは現在もここに決めている。修もテイシェイラから出てきたばかりのところで、そして、仕事が忙しいので、1泊後、夕方発のバスでテイシェイラに向かおうという。テイシェイラまで片道22時間だということだった。

修は、ブラジルに行って最初の1、2年は沖縄に手紙を書いてきていた。大晦日などには電話をかけてきていた。それがだんだん間遠になっていたのは、仲間には家族から電話がかかってくるのに、自分の方に電話が全然かかってこなかったからだという。電話番号はもうずっと前に手紙に書いたというのである。

また、5年間1度も日本に帰らなかったのは、ビザに関する誤解から来ているらしい。修は永住ビザでブラジルに来ていたのだが、1度ブラジルから出国すると再入国できないと思っていたらしい。2年内にブラジルに戻ればOKなのだが。

予定通り夜行バスに乗って、1泊後、目がさめるともう朝になっていた。テイシェイラはバイア州の南部で、バスは北東の方向に向かっている。だんだん暑くなる。景色は割合単調で、赤い土に緑の草が生えていて、ときに山あり、ときに家ありといった感じである。バスは何時間かおきにとまる。バスターミナルをホドビアリアといっている。

修は目が腫れぼったい。眠れなかったようだ。私が日本から持ってきた週刊誌ばかり読んでいて、しかし、読んでいるというよりは考え事をしているように見えた。機嫌よく話しかけてきたかと思うと、またムッと黙り込んでしまう。

エスピリトゥサント州を抜けてバイアに入ると、マモン（パパイア）の畑が点々と見えだした。

「やっぱり田舎はいいなあ」

と目を輝かせて修が言う。

「町はどこも同じでつまらんよ」

というのがサンパウロでの修の口癖だった。

夕方、ほとんど真っ暗になった頃にテイシェイラに着いた。

ホドビアリアから歩いて5分ぐらいのところにKさんの家はあった。4階建ての新しい建物だ。ほとんどが平屋の住宅街の中で、目立って大きな建物だった。家の前に車が出してあって、Kさんと奥さんが立っていた。応接間に招じ入れられる。床や天井がピカピカ光っている。飾られている花はよく見ると造花だった。

「修君の嫁さんの写真、持ってきましたか」

と、いきなり言われたのには面食らった。

「自分で探した方がいいんじゃないですか」

「それも一理あるね」

すぐに夕食になる。寿司、おすまし、レンコン等に混じって、フェイジョン（豆）、マカロニも置かれている。寿司を食べてみる。うわっ、これで寿司のつもりなのか。海苔など、紙切れをかんでいるような感じだ。確かにこれだけ材料を集めるのは大変だろう。しかし、そんなことをしなくても、ブラジルの料理を食べれば、安くておいしい。実際、途中から食卓についた、小学校4、5年生ぐらいのKさんの娘は、マカロニやフェイジョンの方をたくさん食べている。マンジョカ（タピオカ）の粉をふりかけて食べる。料理をしたのは、お手伝いさんのようだ。明らかにアフリカの血が混じっている。

9時になって私はKさん宅に泊まるようにと修から言われる。修は仲間と3人で下宿を借りているそうで、そこに行くという。寝室に案内されると、これがまた凝っていて、トイレにはビデがついていた。

朝になって、パンとバナナ、カフェの朝食を食べながらKさんの奥さんと話した。

「修さんはね、仕事はとてもできるのよ。二世で、言葉はしゃべれても、ブラジル人をうまく使えない人が多いのね。それが、修さんだと、友達みたいになって、うまいもんだわね。修さんは、日本では農業の経験がないでしょ。だから、うちの人も、修さんが技術を盗んで、ちゃんと独立してほしいと思ってるの。でも、修さんは、時々ものすごく乱暴になるのね。投げやりになって」

それは私も感じた。酔っぱらい運転をして事故も起こしたらしい。だから嫁さんを探して落ち着かせたいのだろう。

「修さんには恋人がいるらしいのね。相手の人の知り合いが私の知り合いなのよ」

「どういう人なんですか、その相手の人は」

「小学校の先生。うちの人は、結婚には反対しないけど、言葉とかいろいろあって、たぶんうまくいかないんじゃないかっていうの。いずれ別れることになるんじゃないかって」

そして、奥さんが言うには、Kさんの方針では、日本人以外の人と結婚した場合はやめてもらうそうである。日本人以外の人がスタッフに入るとどうしてもうまくいかないという。

奥さんと話していたら修が来た。修は普通の乗用車でやってきた。

まずスーパーに行く。仲間の1週間分の食べ物を買う。今週は修が当番で、現金で払うのでなく、小切手を切る。続いて市場に行く。ここで肉と野菜を買う。

その後、車をぶっ飛ばして、こんどは住宅街に行き、一軒家の前で停まる。ブーブーッと鳴らすと女の人が出てきた。テイシェイラに来るまでに見せてもらった写真の人のようだが、落ち着いた感じで、お母さんかなとも思う。ターニア本人だった。中に入って、弟3人と妹一人を紹介された。両親は、牧場に泊まりがけで出かけていて留守だった。一緒に食事をした。修はくつろいだ様子だった。時々ターニアと頬ずりしたり、髪をなであったりしている。ターニアは家族の写真を見せてくれた。両親とも、バイアより北の方のセアラ州の出身で、だんだん南に移ってきて、テイシェイラに住むようになったのもそんなに昔ではないらしい。

やがて出て、仲間の二世宅をちょっと回ってから、修の下宿に行く。

「ここを使っていいよ」

入ってすぐ応接間があり、ソファが置いてある。その右に3部屋あり、奥は台所と洗面所である。一番手前の部屋にベッドが二つあり、その一つを私が使うことになった。修は毛布を何枚かわけてくれた。私は、簡易テントを持ってきていたので、それをベッドの上に張ることにした。

家に向かって左手は車庫になっている。台所の扉からは庭に出られる。庭は広い。全く気に入ってしまった。修たちは週末しか帰ってこない。泥棒が入ったことがあるそうで、荷物はほとんど置いてなかった。家賃がたぶん1万円ちょっとぐらいの感じだったが、私が3分の1負担することにした。

一緒に住んでいる二世のマリオとエイジにも会ったが、エイジは日本語が全然しゃべれない。また、この家の裏側の家にもトニーさんという仲間の二世夫婦が住んでいた。

修から、今日はKさんの顔を立ててくれと言われて、Kさん宅にもう1泊した。

Kさんが言うには、修はKさんの家の中を自宅同然に歩き回るのだそうだ。冷蔵庫を勝手に開けてつまみ食いする、と。Kさんの奥さんは、猫みたい、という。Kさんは修の親代わりだと自認しているらしいが、親代わりと親とでは違うってことでしょう。Kさんだって、自分の息子や娘が冷蔵庫を勝手に開けても文句は言わないだろう。

修が夜遅くまで出歩いている、ともKさんは言う。何が悪いのかと苦笑する。Kさんは鹿児島県の出身だが、沖縄がどういうところなのか、全然知らないようだ。沖縄は夜が長い。そして、私の理屈では、Kさんには理解できないような修であれば、ブラジルの女性との結婚もうまくいく可能性があるということになる。

いったん寝てから、深夜、蚊に刺されて目がさめたので、立派なベッドの上に簡易テントを張って寝た。寝袋でなく、テントを持ってきたのは正解だった。

3

翌日の月曜日から土曜日まで、修が働いている農場に連れていってもらった。着いてからスタッフのいる建物で昼食後、修が農場内を案内してくれた。

歩いてマモンの箱詰め作業場に行く。工場と全く変わらない。一年中出荷しているのである。若い娘が大勢働いている。それを二世が監督している。ベルトコンベアが走り、大きさごとに選別する。ここでつくっているマモンはハワイマモンといって、こぶし二つか三つぐらいの大きさで、そんなに大きくない品種である。

あと、車に乗って回る。マモンの苗作り、苗植え、収穫と順に出てくる。マモンは若い木の方がたくさん実がついている。それを手でもぐ。大きくなるとはしごをかけてとるが、大きくなりすぎると能率が落ちてペイしなくなるので、3年で切ってしまうのだそうだ。

修は時々実をもいではナイフでスパスパッとなで切りにする。

「何してるの」

「病気。だいぶん広がっているなあ」

それにしても殺気にあふれている。

労働者の賃金が6月ぐらいまでは今の水準で続くが、やがて最低賃金が上がる。使用者側はそれを見越して、賃金が上がる前に作業を終えてしまおうとしている。だから、7月、8月になると失業者が出るだろうと修は言う。

マモンの後、カボチャ、ピーマン、キュウリの畑もみる。多角化のため新しく始めたものだ。これも虫が食っている、という。

畑を一通り回った後、大きな木陰に車を停めて、扉を開け、シートを倒して休む。修は私が持ってきた両親の手紙や、親戚の声が入ったカセットテープを持ち歩いている。

「何でブラジルなんかに来たの」

同じことを沖縄の親戚が何度も言っていた。

「高校出て、すぐ働いて、本土に行ったけど、仕事全然面白くないだろう。ロボットみたいなもんだ」

そうだろう。

「そうするうち、友達が大学出て、ボーナスなんかもらえるようになるし、逆転して、友達なんか家に来ても面白くなくなるし、まあ、何というか、落ちこぼれたんだな」

私は両親から、とにかく修を一度沖縄に帰してくれと頼まれていた。

食事を準備している農場のお手伝いさんは若い娘だったが、いつもはおばさんだそうだ。夕方になると、まず労働者がトラック3台に分乗して帰っていく。トラックに台を乗せて座れるようにしてある。その後、結婚しているスタッフも帰る。農場に残るのは、修とマリオ、それにエイジだ。マリオはサンパウロから、エイジはレシーフェ出身だ。マリオはトラックや農具の修理を専門にやっている。エイジも機械関係だ。昼に大型トラクターを動かしていた。二人ともあまりしゃべらない。

ピンガを飲みながら修と話す。ターニアと、例えば政治の話などになると分からないし、ピンと来ないという。しかし、勉強しようという気持ちはあるそうだ。

8時になると、もう目を開けていられないぐらいに眠い。私はエイジと同じ部屋になる。ベッドの上にテントをを張ると、エイジとマリオがビックリして眺めている。私の持ってきたラジオは二人の気に入ったようだ。短波が入る。

6時半に起きてテントをたたむ。マンジョカを炒めたものを食べ、カフェを飲んでから、置いてあったスポーツ雑誌を持って、入口前の腰掛けに座る。修がトレーラーを修理していた数人を連れてくる。彼らは文字が読めない。私が雑誌を読んでみせると皆が笑う。

お手伝いのおばさんがやってくる。昨日は豆を植えたので休んだそうだ。ラーメンをつくってくれたので食べる。仕事を始めると彼女はたえず歌っている。肌の色がかなり黒い。

やがて、修の友達の二世が別の農場からやってきた。彼は大学も出たんだそうで、度の強いめがねをかけている。これから日本で2年なり3年なり働いて稼ぎ、独立したいという。

「1万ドルあれば大きい仕事できるよ。ブラジルはね、ぜーんぶ金。金がない人はね、いつまでも使われているだけね。今の僕みたいにね。大学なんか出たって関係ないね。バカらしくって働けないよ。修もね、日本から金送ってもらえばすぐよ。日本に親戚いるでしょう」

彼は、ターニアのことも知っている。一世がなぜ日本人同士の結婚にこだわるのか、彼に言わせれば、ポルトガル語が、二世は分かっても一世は分からないからだ。何をしゃべっていて、どんな悪口言われているかも分からない。二世の女性もダメなのだそうだ。親が干渉しすぎて30になっても子どもみたいって。じゃ、二世の男はどうなのだ?

彼が帰ったらもう昼ご飯になった。ご飯、肉、トマトの他に、カボチャとジャガイモの焼いたのが加わる。

ここには、普通のハエの他に、ちっちゃなハエがいて、これが皮膚をチクッとかんで血を吸う。かまれた後がかさぶたになり、やがてふくれてくる。最初は誰でも皆かまれるそうだ。そして、慣れると、かまれてもふくれなくなるそうだ。

本を読んでいたら修が来る。車で一緒に回る。退屈しないかと聞かれたが、別にしていない。適当にボーッとしていい調子だ。風邪気味だし、時差ボケだ。修は、最初はこの退屈というやつに随分悩まされたそうだ。

他のスタッフはそれぞれ専門があるが、修は農場内を回って、現場がちゃんと進行しているかみるのが仕事である。現場にはブラジル人の監督がいて、それをカーボといっているが、修はその監督の監督だ。植民地の間接統治方式と同じだ。

夕食時に、修から、洗濯物は自分で洗わないで、手伝いのおばさんに出すようにといわれた。Kさんのところでも、ターニアの家でもお手伝いさんをみた。彼女たちがいても、まるでいないみたいな感じで生活している。

木曜日頃、トニーさんがKさんから修の気持ちをきくようにと頼まれたそうだ。トニーさんは、修がKさんのところに来る半年前に来た一番の親友だそうで、

「友達を失いたくないからターニアとの交際はやめてくれ」

と言ったのそうだ。

修は、どちらもとりたいが、どちらかと言われればターニアをとるという。それでいいんじゃないの、と修に賛成する。修は動揺があるようで、全く話さなくなった。

三重県出身の一世が遊びに来ていたのでその話を聞く。テイシェイラは15年前までは何の産業もなかった。最初、ヤシを植えたが、採算が取れるほどできず、その後、いろいろ変わった後、今のマモンになったのが6年前。昔はマモンはベレンの方が盛んだったが、サンパウロから遠いため落ちた。変化の速さに驚嘆する。

農場に来てからずっと引いていた風邪が治ってきたようだ。

金曜日の昼食後、農場の外に出る。10キロほど東に行くと、ヤシ畑が出てくる。そして小さな集落がある。2軒、いずれも日本人の店に行く。どちらも高知の人だそうだ。

修は、最初は高知の人のところで働いていた。たぶんこの辺だろう。勝手がよく分かっている感じである。さらに、近くの小さな家に入る。おじさんと子どもがいた。ここもちょっとで引き上げたが、修がこのおじさんことを話してくれた。彼は二世なのだが、日本語もうまい。低いドスのきいた声を出す。昔は金持ちだったのが、破産して、今は仕事をやらせてくれるところがなく、昼間から子どもとテレビを見ている。ここは、農業をやっている人の破産は多い。彼は、日系人ではないブラジル人の間で人気がある。フェスタなどがある時は彼が中心になる。問題が起こるとみんなが相談に来る。そんな人だそうだ。

翌5月25日が土曜日で、農場で最後の日だった。毎週土曜日に労働者に賃金を支払う。週末にお金を使い切ってしまって、後が続かなくなるケースが多いそうだ。事務員は月給で労働者と比較して高い。

Kさんも農場に来た。修関係の話をする。8月一杯で契約が切れるが、12月まではいてもいいことにしているそうだ。その間に仕事を探せということだろう。

なぜ日系人以外の奥さんではダメなのかを聞いてみると、仕事に差し支えが出るからと。例えば仕事の現場に奥さんがやってきたりして雰囲気が壊れてしまうんだと。実際、1週間いる間にそれを見た。夫の浮気を監視するために、奥さんが子ども連れで来ていたりしていた。昼は一緒に弁当を食べていた。ここの弁当は、飯ごうを円形にしたようなアルミ製のものである。中味はちゃんとしたご飯ではなく、どろどろしたなんだか分からないようなものである。栄養がよくないせいか、すぐ風邪を引くそうだ。

「奥さんが顔を出さなければいいんじゃないですか」

「ブラジル人はあてにならんからね。約束はすぐするけど、守りはしない。それに、日本料理が作れんでしょう」

「修は、別に日本料理なんか食べたがってないけど」

「今はそうでも、10年もすればみそ汁がほしくなるもんなんです」

「そういうもんなんですかね」

「そういうもんなんです。あっ、以前テレビのドラマ見てたら、夫の親の死ぬのを一生懸命祈っている妻の話をやってましたけどね、ブラジルの人ってそういう連中なんですよ」

これじゃ、とりつく島もない。私的な面では反対しないといっても、実質的に判断すれば私的な生活への干渉そのものだと思われる。

こういうふうになってもなお、修はKさんを尊敬しているらしいのだが、これも分からない。

夕方、1週間ぶりに下宿に戻ってきた。翌日、日曜日は、買い物をしてからターニア宅で昼食をとった。彼女たちの会話は速くて、私は聞き取れない。速いだけでなく、修が言うにはなまりもあるそうで、修も最初は全然聞き取れなかったそうだ。あるとき、ふと、単語が2、3、耳に残るようになってから話の筋がつかめるようになったそうだ。そういうものなのだろうが、スペイン語の場合とかなり違う。スペイン語の場合は、メキシコに入った当初から相当聞き取れた。

ゆっくりだし、発音も明瞭である。私の耳だと、ポルトガル語の方はかなり時間がかかりそうである。

4

農場を見たら、手伝いの余地などないことが明確に分かった。それで、私は、テイシェイラでは、あとはずっと下宿にいた。週末には修たちが帰ってきた。平日も用事があれば、誰かが下宿に帰ってきて泊まることもあったが、だいたい一人だった。

とりあえず、5月末に、小学校5、6年のポルトガル語の授業を受けることに決めた。どの学校にするかはターニアも心配してくれて、三つほどある学校に連れて行ってみてくれた。しかし、公立はどこも満員で空きがなかった。

下宿のすぐそばにヘクレイオという学校があった。ヘクレイオというのは英語にするとレクリエーションであり、最初は何か別の施設だろうと思っていたのだが、聞いてみたらプリメイロ・グラウの私立学校だった。

ブラジルでは最初の8年間をプリメイロ・グラウといい、小学校と中学校が合わさった感じである。その後3年間セグンド・グラウがあり、これが高校に相当する。私は子どもたちと話がしたかったのでできるだけ低学年を希望したのだが、ヘクレイオでも空きがあるのは5年生以降しかなかった。つまり、5年生ぐらいになると、学校をやめて働き出す子が出るのである。

先生は初老の女性で、5年生のクラスにはKさんの娘がいた。生徒の年齢はそろっていなくて、大きな子も小さな子もいた。8年生には赤ちゃんをおんぶしてきている子もいたが、自分の妹なのか、預かっている子なのかよく分からなかった。

ブラジルの学校は、一般に、午前、午後、夜と3部制になっている。私は午前の授業を受けた。1コマ45分間の授業で、内容は文法が中心で、板書が多く、私には合わなかったが、他に選択肢がないので続けた。

しかし、マウロ先生のところで勉強していたときも感じたことだが、教科書は面白かった。例えば、5年の教科書にこんな話が載っていた。

墓穴を掘っていた人がうっかりして掘りすぎて穴から出られなくなって絶望する。夜になって酔っぱらいがやってきたので、寒いから出してくれというと、「かわいそうに死人さん」、といってスコップで穴を埋めてしまう。この話から教訓を引き出せ。

ターニアが貸してくれた教科書には次のような話が載っていた。

飛行士がミネルヴィーノという客と、飛行中怖くなっても口を開けなければ代金をただにするが、口を開けたら高い代金を払え、という賭をする。飛行士は、宙返りしたりしてミネルヴィーノをこわがらせようとするが、結局ミネルヴィーノは口を開けず、賭に勝った。ところが、宙返りしたときに、ミネルヴィーノの妻ヴィトーリアは飛行機から落ちてしまった。ヴィトーリアは確実に死んだであろう。

この話の後に練習問題がついていて、ヴィトーリアが死んだことについて責任は誰にあるのかというのだ。この問題を解決するために、先生が裁判官に、6人の生徒が陪審員になる。飛行士、ミネルヴィーノ、ヴィトーリアにはそれぞれ弁護人を一人ずつつけ、各自に責任がないことを1回だけ5分間に限って弁論させよというのである。

このほか、時間は十分あったので、テイシェイラの地図をつくろうと思って、私は町の中をできるだけ歩いていた。この町は平ぺったくて、見晴らしのいい、山のような場所は全然ない。地図はないかとターニアにも聞いてみたが、ないようだった。一応見取り図程度のものはつくれたが、それ以上のものは無理だった。今ならグーグル・アースで検索してみれば町全体の形が明確に分かる。何しろ一軒一軒の家まで見えるのだからすごい。写真もついているので見てみたら、今でもかなり思い出せた。町自体は大きくなっただろうが、中心部はそんなに変わっていないように思われる。

ターニアはモンテイロ＝ロバートという私立の小中学校の副校長をしていた。6月はじめに連れて行ってくれた。

エヴァシーという先生の授業を見学した。ちょっと前にターニアが先生たちの会議に連れて行ってくれて、そこで顔は見ていた。8年生の授業で、生徒数は10名足らずと少ない。二重母音の話を20分ぐらいやったあと、イスを丸い形に囲んで、生徒たちに授業内容を要約させ、そのあと私に自由に話していいというので生徒に質問した。年齢は13歳から17歳までバラバラで、生徒たち自身は中くらいの家だといっていた。日系の子も何名かいた。

私の方もいろいろ聞かれたので、マウロ先生がつくってくれた推薦状を出した。エヴァシー先生が読んでくれた。カザード（既婚）というところでどっと笑いが起こった。それで、私も先生に、結婚してるの、と尋ねたら独身だそうだ。生徒たちが笑いやめないので、まじめな顔でたしなめるようにしていた彼女が、突然、「トキオに行きたい」と言いだした。

「トキオに行けば夫が見つかりますか」

とまじめにきくのである。

「日本語しゃべれないでしょう」

「全く」

「英語はどうですか」

「ほんのちょっと」

「じゃ、難しいんじゃないですか」

「でも、一度行ってみたい」

「じゃ、オキナワにきたら」

「ええっ、日本では配偶者は何人でも持てるんですか」

そんなつもりで言ったんじゃないのに、妙な具合になった。

授業のあとも生徒たちはなかなか解放してくれない。ホモセクシュアリティと紙に書いて、これは日本ではどう言うのかと聞いてきた。

「ホモはホモです」

「で、あなたはホモじゃないの?」

「そう見えるの?」

「なぜ一人で旅をしているの?」

「いつもそうだよ」

ついでに、ブラジルではホモは多いのかと聞いてみたら、「シェイア(たくさん)」と、指をつぼめてから広げる仕草をする。

そのあと7年生の授業を見学した。私も音読させられた。そのあと、質問を受けた。日系の顔をした子が特に熱心で、日本のこと、あるいは、東京のことなどを細かく聞いてきた。日本人はとてもよく働く、朝から晩までだ、と言うと非常にビックリしている。不思議な気がした。親たちからは日本のことをきいていないのだろうか。

放課後、中庭でダンスの練習が始まった。6月15日に学校のフェスタがあるそうで、その練習なのだそうだ。腰の振り方とか、皆上手だった。

子どもたちは生き生きとしていて、好奇心も旺盛だった。どの学校に行くかで全然違う世界があることを実感した。

5

それからちょっと後の6月8日は土曜日で、モンテイロ＝ロバートの校長を中心とする研究会にターニアが連れて行ってくれた。テーマは青年期の特徴。校長はサルバドル大学のテイシェイラ分校で教えているのだそうで、フィードバックの理論についての話をして、これはよく聞こえて興味深い内容だった。エヴァシーも、先生をやりながら大学で勉強しているそうだ。エヴァシーの住んでいるところは、私のいる下宿と同じ通りで、50メートルぐらいしか離れていない。エヴァシーのおじさんの家で、おじさんはテイシェイラで一番の病院の副院長である。

その日、まずエイジが帰ってきて、一緒に夕食を食べた。食後エヴァシーが女友達とやってきた。一緒に踊りに行こうというのだ。全然踊れないのでお断りした。それですぐ帰るかと思ったら、ソファに座って、話し出した。一体何をしに来たのだろうかと思った。やがて、修とマリオも帰ってきたが、出たり入ったりで皆動いていた。

この前も聞いたように、彼女の望みの第一番目のものは、トキオに住み、できれば日本人と結婚することなのだそうだ。どこまで本気か知らないが、まじめな顔をしてそういう。

「何でそんなにトキオに行きたいの？」

「私は背が低いから」

日本人は小さいから、それならサイズが合うというわけか。冗談なら分かるが、まじめにそういうんだから分からなくなった。でも、確かにエヴァシーはチビである。

「日本人は小さなものが好き」

と、言ってやったら、とても嬉しそう。

「あなたも？」

「そう」

別にウソではない。この日はエヴァシーはそれで帰った。私はエイジとサーカスを見にいった。演技はへたくそだったが、女が蛇を体に巻く芸は面白かった。芸自体は単純だが、尻の動きなど、とてもうまい。もともとスタイルがいいうえ、踊りのうまさは天性のものだと思う。サーカスではなく、ストリップショーを見ているような錯覚を起こした。

翌日、日曜日に、例によって修とターニア宅に行った。昼食後修が言うには、金曜日の夜にプロポーズしてOKだったんだそうだ。それで、食前にターニアが私に、

「私のこと、好き？」

ときいた理由も分かった。結婚は年末、仕事はテイシェイラ近くで見つける自信がある、と修は言った。

眠くなったので、先に下宿に戻ったら、エイジがシャンパンを飲もうという。すごく立派なもののようだが、安売りしていたんだそうだ。それを飲んだらますます眠くなって、熟睡した。夕

方、起きたと思ったら、またエヴァシーが来た。こんどは一人でやってきた。修も、マリオも戻ってきて、さらにトニーさんまで来た。にぎやかだが、ぎこちない。しかし、エイジがシャンパンの残りを出したら、あっという間にくつろいだ。

今日は彼女は、日本を紹介したグラビア雑誌を持ってきた。銀座の写真を見ると、もうだいぶん昔の感じだ。彼女が私に、

「私のこと、好き?」

ときいたのには苦笑した。1日に2回も同じ質問を受けるとは。「好き」と言っておいた。

彼女が帰ってから、マリオが、彼女は私が好きなんだから抱いてやりゃいい、という。でも、立場ってものがあるだろう。

それから2、3日後に、下宿に一人でいるとき、またエヴァシーはやってきた。その時、私が鼻歌を歌っているのが聞こえたのか、

「ヨーコのこと懐かしくない?」

ときかれる。洋子というのは私の妻の名前だ。

「いいや」

と答える。歌っていたのは、深沢七郎の作品に出ていておぼえた、小林旭の「さすらい」だ。

彼女は、その時はこれから授業があると言って、すぐに帰ったが、また来るというので、考えた結果、練習のためにポルトガル語の文章を書いて、彼女に添削してもらうことにした。最初に

書いたのは、次のような内容である。

テイシェイラに来てから私は「神を信じますか」としばしばきかれる。「いいえ」と当惑して答える。「私を生かしてくれるもの」を神というなら、私は信じている。だが、私を生かしてくれている「何か」がどのようなものかは、私は分からない。理解を超えている。私にできるのは、せいぜい、その「何か」を感じることぐらいだが、その「何か」を大切にする気持ちが深ければ深いほど、その「何か」についてあげつらう気にはならない。われわれの判断を超えていればこそ「何か」はありがたいし、信じる気にもなるのではないか。

およそこのようなことを書いたあと、買い物をするときに「ありがとう」というのは、売り手か、買い手か、と言う疑問も書いた。ブラジルに来て以来、店で「ありがとう」と言われたためしがない。むしろ、買わせてやる、といった態度だ。私は、日本で買い物するときも「ありがとう」という習慣だ。

たいした分量ではないが、作文には時間がかかった。

モンテイロ＝ロバートのフェスタを見にターニアたちと行ってからちょっとして、エヴァシーが来たときに添削してもらった。彼女も、以前は神を信じていたが、今は信じていないとのことだった。教会にも行かないそうだ。

作文練習はその後も続けて、添削してもらっていった。

ちょうどホドビアリアで見つけた、カフカの「城」のポルトガル語訳を読んでいたことがあった。英語やスペイン語で読んだのも含め、これまで何度も読んできていて、筋を知っているので読みやすいし、私は、この小説が好きだ。彼女は、カフカのものは読んだことはないそうで、ブラジルの作家で彼女が好きな人たちのことをいろいろ話してくれた。

また、エヴァシーから、大学での英作文の宿題をかわりにやってくれないか、と頼まれたので、OKした。まさか、こんなことを頼まれるとは思っていなかった。その次に彼女が来たときに、彼女が書いた英語に訳すべき文章を受け取った。

それから、サルバドルに旅行する準備も始めた。ちょうど学校が冬休みに入るところだったので、その間にちょっと動いてみたいということもあったが、それ以上に、両替の必要があった。私は、多くのお金をトラベラーズチェックの形で持ってきていた。修からは、テイシェイラでも両替できると言われたのに、来てみたら、ここの銀行ではできなかった。ドルの現金ならば両替してあげるとKさんが言ってくれたが、私は現金はあまり持ってきていなかった。出発の日を6月20日と決めて、2、3日前の晩に、ホドビアリアに行って夜行バスの出発状況を調べた。そうしたら、それを見ていた人がいたようで、エヴァシーから、夜、女を買いに行ったでしょうと言われたのにはビックリした。狭い町で、みんな見られているんだなあと、改めて痛感した。

6

予定通り、6月20日午後5時発のバスでサルバドルに向かった。レイト（寝台バス）を利用した。一度乗ってみたかったのである。料金は普通の倍になる。座席は乗って右側に2列、左側に1列の配置で、しかも、それぞれの座席の前に十分な空間を取ってあるので、座席数は普通の半分ぐらいになる。毛布や、シーツ、それに枕までついている。座席ごとの明かりも十分で、本が読める。座席は確かに大きく倒れるし、足を乗せる台もついているのだが、完全に水平にはならない。

最初に停車したイタマラジュという町までは起きていたが、その後は寝てしまった。そして、翌朝、目がさめてボーッとしているうちにサルバドルのホドビアリアに着いた。

宿は、サンフランシスコ教会の前のホテルコロンと決めていた。市内バスの乗り方をきいていたら、たまたま近くまで行くおばさんがいたので連れて行ってもらった。ドーミトリーが1泊1万5000クルゼイロ。後日両替したら1ドルが6000クルゼイロだったので、2.5ドルということになる。当時ブラジルではインフレがどんどん進行していっていたのだが、ガイドブックにドル表示で書かれた値段はほとんど変化がなかった。案内された部屋からは、教会が見えた。4人部屋だったが、滞在中ずっと一人だった。

ここに6泊した。前半は、また風邪がぶり返してだるかったのと、週末に重なったのとで、ホテル周辺をぶらつく程度だった。とにかく黒人が多かった。そして、女の人たちが派手な色のスカーフをしていて、アフリカそのものの感じだった。皆元気で活発だった。乞食もたくさんいたが、やっぱり快活で、おしゃべりが好きだった。

24日が月曜日で、この日からいろいろやろうと思っていたのだが、この日もフェスタで祭日だそうで、ホテルの部屋についているベランダから見ていると、ブラスバンドや手拍子の一団が断続的に通っていった。私の部屋のちょうど真下のところに女と男が座っていて、一緒に酒を飲んでいた。そのうち、女がぱっとスカートをめくって、パンティの中から100クルゼイロ札を何枚か取り出し、男に渡した。しばらくして、男とどこかへ歩いていったが、尻の揺さぶり方が独特で、見えなくなるまで目で追った。

火曜日になって、朝、まずサンフランシスコ教会の中に初めて入ってみた。金ぴかで豪華だった。

それから、近くにある公共エレベーターで下の町におりて、両替店で両替した。エレベーターでおりたあたりもバスターミナルになっていて、そこからバスでボンフィン教会に行った。桃色と黄緑色をベースにした色調で、きれいというよりかわいらしい。

水曜日は、バスで南の方に行った。サルバドルは、鳥のくちばしみたいな形の先端から西側海岸をちょっと北に行ったところだが、くちばしの一番先端に灯台がある。それからバスを乗り継いで東側海岸をかなり北上してみた。ビーチが続き、高級ホテルが次々に姿を現す。旧市街とは全然違う色の組み合わせである。その後、バスで戻ってきて、旧市街の繁華街を歩いた。

27日（木曜日）の朝発って、4時頃イタブナに着いた。そこでバスを乗り換えてイリェウスに行った。イタブナはテイシェイラとサルバドルの中間にある。そこから36キロ東の、海岸に面したところにイリェウスがある。イタブナからイリェウスまでの途中、次々にカカオ農園が出てくる。このあたりは、ブラジル最大のカカオの産地になっていた。農園にそれぞれ名前がついていて、「喜び」とか「夢」とか、思わず笑ってしまうようなのが多い。薄暗くなってイリェウスに着いた。

ホドビアリアから市内バスに乗って、町の中心部に入ったと思われるところでおりた。ガイドブックに書かれているホテルの一つを見つけたが、一人部屋がないからと断られた。すぐ近くにロータリーがあり、商店が集まっている。その裏側をゆっくり歩いてみたら、2軒安宿があった。きれいな方のブザーを押してみたが、誰も出てこないので、もう一つの方に行った。ホテルサンタバルバラ。

若い女の人が出てきたので、部屋はあるか、ときくと、ある、という。中にあるロビーみたいなところに入ると、3人ほど若い女がソファに座ってテレビを見ていた。わあっ、こりゃ売春宿じゃないかな、と思う。テーブルに腰掛けて待っていると、やがておかみさんが出てきた。つり上がったぎょろ目をしている。1泊8000クルゼイロだそうだ。奥の右手に廊下があり、その一番手前の部屋だ。2段ベッドが二つ入れてある。天井はむき出し、窓はなく、暗そうだが、2日間なんだからいいだろう。テントを張って、蚊帳のついた入り口をチャックでしめてしまえば、蚊がいても関係ない。2泊分支払い、パスポートはいるかときくと、いらないそうだ。

「あんたどこから来たの？」

「サルバドル」

「中国人？」

「日本人」

「私は、日本人は好きよ。あんたは、ここに来た最初の日本人よ。歓迎するわ」

とにかく、腹が減ったので、外に出て、ハンバーガー屋を見つけ、エッグバーガーとマモンジュースを注文する。おいしかった。

町は、ビーチがあるだけの保養地かと思っていたのに、とても活発だ。車はじゃんじゃん走っているし、人も多い。

ホテルに戻ると、お客さんらしい男女が案内されて中に入るところだった。連れ込みだな、と思う。

ベッドで日記をつけていたら、さっきチェックインの時に見かけた若い男が別の男と一緒に入ってくる。

「ハポネス？」

と、スペイン語できいてきた。アルゼンチン人だそうだ。白人で、柔らかい目をしている。ドミンゴという名前だ。もう一人の男もブラジル人ではなく、ペルー人なのだそうだ。インディオに近い顔で、鷲鼻だ。

ドミンゴは、ここに来る前はテイシェイラにいたそうだ。頭もよさそうだし、好奇心が旺盛で、これまで私が旅をした地域のことをききたがった。日本にも興味を持っているようだった。

ペルー人の方はほとんど話さず、われわれの話を聞きながら手を動かしている。腕に巻く飾りひもを毛糸で編んでいるのである。木の台に釘をたてただけの簡単な道具を使って、器用に編んでいく。かわいらしいので私も一つ買った。500でいいというのを、定価通り1000で買う。このペルー人は昨日、歯を2本抜いたそうで、とても痛そうである。サルバドルで買ったジョルジュ＝アマードの本の中に歯を抜いている挿絵があったので彼らに見せた。

寝る準備のため、ベッドにテントを張ると、おかみさんや若い娘たちが順に見物に来た。大騒ぎで、ドミンゴなど、テントの中に入って寝心地を確かめる。娘たちを見ると、どうも売春婦には見えない。この町に働きに出てきた娘たちが下宿しているのではないか。ここにいれば、ヘクレイオなんかに通うよりずっとポルトガル語が上達するだろう。夜中にトイレに立つと、ドミンゴとペルー人はロビーのソファに寝ていた。

7

翌朝、裏山に登ってみたら、町の形がほぼ分かった。山や海岸があるために、不規則でわかりにくい形をしている。

昼前に散歩に出て、ビーチで昼寝した。ちゃんと市の監視員がいた。ぐっすり眠って、目がさめたらもう3時になっていた。ホテルに戻ってきたが、人通りもほとんどないし、店もほとんど閉まっている。昼休みなのかなと思って、ペルー人にきいてみたら、今日はフェスタなんだそうだ。またか。イリェウス市設立の日だという。

私のいる部屋に変なおじさんが来る。朝も来ていた。うるさいので、まこうと思って、ハンバーガーを食べてきたら、私の部屋の鍵がかかっている。どうも、おじさんが私の荷物を勝手にいじるので入れないようにしたらしい。開けてもらって、荷物をチェックしたら、出して置いてあった使用済みのフィルムとタオルがなくなっているようだ。

やがてドミンゴが戻ってきて、ズボンが破れたというので、私が持っている針と糸を出した。

「ヒロシ、ベインプレパラード（準備がいいね）！」

とても喜んでくれて、さっそくベッドに腰掛けて直し始めた。

ポケットから札入れを出して、彼自身の昔の写真を見せてくれた。今とは違って神経質そうだ。

アルゼンチンは、79年に私が旅行したときは落ち着いていた。ところが、その後急速に崩壊した。私は、今回、アルゼンチン航空を利用してブラジルに来たため、ブエノスアイレス経由でサンパウロに着いたのだが、ブエノスアイレスの空港でカフェを飲んだら300ペソということだったが、使用した札は10万ペソ札3枚だった。デノミネーションでゼロを三つ落としたのだが、旧札をそのまま使っていた。ドミンゴがブラジルに来たのも、こういう国情と大いに関係があるはずである。

大変だとは思うが、同時に、隣に逃げ込める国があるというのはうらやましい。メキシコシティであったカミザトさんを思い出した。

前年の1984年夏に私はメキシコを旅行した。メキシコシティでは、モンテカルロホテルに泊まったが、そこで、カミザトという若い沖縄三世に会った。日本語はしゃべれず、スペイン語だけだった。ペルー生まれの漫画家で、メキシコに来てからもう5年とのことだった。ペルーはどたばた騒がしいのが嫌いで、それでメキシコにやってきたのだそうだ。奥さんも一緒だった。漫画はたくさん書いているそうで、パリの雑誌でのインタビュー記事を見せてくれた。農業をやっている両親がこの仕事に反対したが、それを押し切ってメキシコに来たのだそうである。他の兄弟5人はみんなペルーにいるそうだ。親戚が今も沖縄に住んでいるそうだが、彼自身はその住所を知らない。コザだそうだ。彼のように、平気で異国のまた異国で生活をしている人を見て、私は感銘を受けた。

ドミンゴに、スペイン語をききたいかときいてみるとうなずいたので、ラジオを出して、スペイン語でやっている短波放送を選局した。彼はとても興奮してきいていた。

夕方になって、おかみさんの夫が友達を連れて戻ってきた。一緒に話しながらビールを飲む。話がよく聞き取れるので自分でもびっくりした。

夜9時頃になってから私は、おかみさんと若い娘と3人でホテルを出た。ドミンゴ以外はもう全員が出かけてしまっていた。

ロータリーからバスに乗って海岸沿いに10分か15分行っておりると、すぐにペルー人が見つけて近寄ってきた。彼はここで、作りためていた手芸品を売っていた。

そこからちょっと歩いたら大型トラックがとまっていて、そこにステージがこしらえてあった。ステージ上に楽団と歌手が乗っている。やがてトラックがゆっくりと前進し始め、演奏が始まった。人々はその後ろから踊りながらついていく。ホテルに泊まっている娘たちも踊っている。ホテルに泊まっている娘の中に白い肌の娘がいて、とても整った顔をしているのだが、この娘の踊りは目立ってうまかった。おかみさんも、ペルー人も踊っている。ペルー人の踊りは他の人とは踊り方が違っていて、これも目立った。車が人々の行列のせいで立ち往生していて、その車にジャポネスが乗っているとペルー人が言っていたが、よく見えなかった。

おかみさんが、

「今日はよくないね。いいのは明日だよ」

というので、1泊延長することにして、その場でホテル代を払ってしまった。おかみさんは、見つけた夫たちとタクシーで帰ってしまい、私はペルー人とビールを飲みながら歩いていった。12時過ぎ頃までいてから、歩いてホテルに帰ってきた。着いたらもう2時になっていた。

翌29日、土曜日、前日の変なおじさんが来たので、

「盗ったもん返してよ」

と言うと、へへへと笑って、フィルムを返してくれた。タオルも返してよ、と言うと、500くれというので、バカらしくなって相手にするのはやめた。

ホドビアリアに行って、まず、翌朝10時イタブナ発のテイシェイラまでのバスの切符を買った。日曜日のうちに帰らないと修に1週間会えなくなる。

それからバスでイタブナに行った。歩いてみた感じでは田舎町である。歩いていてもあまり見つめられないのは、この町に日系人が入っているからではないかと思う。実際、帰りのイリェウスまでのバスに日系人と思われる女性が乗っていた。

ホテルに戻ると、マニキュア師がやってきていて、ホテルにいる女性は順番にやってもらっていた。マニキュア師は妊娠中で、7ヶ月目か8ヶ月目だろうか、

「あっ、子どもが動いた」

と言ってはお腹をなでていた。

若い娘たちは、今晩のフェスタで頭がいっぱいなのか、みんな上の空だった。他に、赤ちゃん

連れの女性も二人いる。どうやって生活しているのだろうか。女中のノエミという女の子が私のところに来て、マニキュア師のヤスリで私の爪を研いでくれたり、私のノートに落書きしたりする。ノエミの様子を見て、ドミンゴが、彼女は私を好きになったのだという。またか。

ドミンゴは輸出手続きの本を熱心に読んでいた。この町に英語もドイツ語もできる人がいて、その人から借りてきたそうだ。何を輸出するのかは分からないが、輸出してもうけようということらしい。しかし、彼の話は、商売の話をしていても夢に満ちていて、「世界平和」とか「人類」とかがそのままベースになっている感じである。私はこういう人が好きだ。

ドミンゴは、子連れの女性に、今晩一緒に寝ようと誘われたそうだ。

「ここの女たちは皆キチガイになっちゃってる」

とドミンゴはいう。フェスタのせいだろう。

夜9時頃、男3人、女3人の6人で出かけた。ロータリーを越えたところから今晩は特別にイタブナ直行のバスが出る。ドミンゴとペルー人が友達を連れてくるから待ってくれといってどっかにいっている間にバスが来た。「行っちゃおう」と娘たちは口々に言って乗り込んで、私にも乗るようにせかすので、結局乗ってしまった。ノエミと、踊りのうまい白い肌の娘、それに肌のかなり黒い混血の娘の3人に私。乗客はそんなに多くなくて座れた。私の隣にノエミが座って手を握りしめてくる。妙なことになったな、と思う。

イタブナのホドビアリアについてすぐに乗り換える。すごいぎゅうぎゅう詰め。30分ぐらい走って、終点についた。広場に、前夜と同じようなステージつきトラックがとまっていて、その前に大勢の人が立っていた。やがて演奏が始まったが、人が多すぎて、お互いにぶつかる。ノエミが、気をつけてと注意する。現に、すぐそばで、男同士でけんかをし始めた。飲み物の瓶を持っているので危ない。それぞれの友人がとりなして収まったが、ちょっとしてまた同じようなトラブルが起こる。そんな中でも白い肌の娘は目立って上手だ。周りのことなんか忘れてしまって、踊るのに熱中している。顔に汗が輝いている。他の二人は、周りの男たちが気になるようだ。何しろ、次から次へと男たちが抱きついてくる。

トラックはやがてゆっくり動き出した。人々もついていく。1時半頃、演奏は終わった。人々が帰り始める。私も、この日下痢していたので早く帰りたかったのだが、バス乗り場に行くと、人がいっぱいでとてもバスの切符は買えそうにない。

少し人が減ってからにしようと待つ。寒くなってきた。ノエミが私の手をぎゅーっと握ってくる。そこへ、ノエミの知り合いらしい若い男がやってきた。その男は女連れだったのだが、さっとノエミに乗り換え、ノエミもそれに乗ってしまう。男と一緒だった女は、あからさまに不快な顔をしてどこかに行ってしまった。男は、ピンガをラッパ飲みしている。ノエミも同じようにして飲んで、キスしたり、よろめき合ったりと、あっという間にべたべたのカップルになってしまった。ノエミは私を見ても全然悪びれない。

ノエミの様子を見ていた肌の黒い娘が、ひどいもんだ、と軽蔑したように私に言う。それはいいが、こんどはその彼女が私の手をぎゅーっと握りしめてきた。そして、ホテルに帰ったら一緒に寝ようよ、と言い出した。白い肌の娘は一人で踊りながら歩き回っている。彼女はまだこの世に戻ってきていない感じだ。寒いので、あちこちでピンガを飲んでいる。屋台店の前で、カンドンブレをやり始めた。足を振り上げ、踊りというより武術に近い。男たちに混じって、白い肌の娘も加わる。体の動きが素晴らしい。

やがてまたバス乗り場に行ってみたが、相変わらずの人で、そして、何度か様子を見に行っているうちに最終バスは出てしまって、バス乗り場には人がいなくなった。ぞろぞろ歩いて円形の建物に入っていく。そこはディスコだったが、入場料は取らない。中は熱気でむんむんしていた。バスに乗れなかったものがみんなここに集まったようだ。音楽が始まっても、踊るなんてものじゃなく、体をこすり合って動き回る感じ。

そのうち、黒い肌の娘がノエミと男の姿が見えないというので、外に出る。時計を見ると3時だ。娘たちが探しに行く間、私はディスコの前に立って待っていた。彼女たちは戻ってきて、見つからないという。そして、知り合いの男たち、といっても、一人はまだ11歳だというのだが、彼らと一緒にシンナーを吸い始めた。そして、抱き合ったり、キスしたりして騒ぐうち5時前になって、またノエミを探しに行った。この間にノエミと男がディスコの中から出てきた。ノエミは、酔いも醒めたようで、元気がない。一番バスが行ってしまってから、探しに行った娘たちが帰ってきて、次のバスに皆で乗る。最初は座れなかったが、途中でだんだんおりて、一人、また一人と座って、皆眠りこけてしまう。私は、何しろ飽きるほど毎日寝ていたので、眠くない。

朝6時過ぎにイタブナに着いてから、乗り換えて、7時前にイリェウスのホドビアリアに着いた。ホテルまで、タクシーの方が安いというので、4人で乗る。私は助手席に乗って、運転手と雑談した。運転手から、日本語で1から10まで言ってくれ、と言われる。その後、運転手は、英語で10まで数えて、どうだ、出来るか、と得意そうだ。メーターが3200になったところでホテルに着いた。インフレのため、修正表が準備されていて、1万近くになる。娘たちは料金修正のことを知らなかったようだ。3人の持ち金を全部あわせても足りないというので、私が払った。

おかみさんが心配そうな顔をして出てきた。

「ボンジーア！」

と挨拶したらおばさんは苦笑した。娘たちはもう眠りにいったようだ。私は荷物を整理する。おかみさんがカフェをこしらえてくれた。それを飲みながらドミンゴと話す。おかみさんが横から何度も、

「また来てね」

と言う。ドミンゴとおかみさんに見送られて出発した。

イタブナに戻って、予定通り10時発のバスに乗った。夕方4時半過ぎにテイシェイラに着いた。

8

テイシェイラに帰ってきた6月30日の夜は、修はこれからKさんと話しにいくそうで、一緒にビールを飲んだだけで、話はほとんどしなかった。

翌7月1日は月曜日だったが、エイジは下宿にいた。徴兵の登録のため仕事を休んだそうだ。電気の勉強を始めたそうで、午後帰ってきてから通信教育の本を読んでいた。

そこにエヴァシーが来た。また別のアルバムを見せてくれた。なんと、男女がベッドでキスしている写真である。女はエヴァシーで、男はエヴァシーの恋人なのだそうである。

彼氏がいることは前にターニアから聞いていた。しかし、なぜ、これを私に見せたのだろうか。私は、このときエヴァシーから、男女関係を示す様々なポルトガル語を教えてもらった。

エヴァシーは、1日置いて、3日も来た。私は、結構すらすらポルトガル語の作文ができるようになってきて、それを添削してもらったほか、ちょうど、妻から届いた手紙に妻と娘の写真が入っていたのでそれも見せた。

4日（木曜日）になって、Kさん宅に行ってみると、奥さんが待ってましたとばかり話し始めた。私が旅行中に、日本人とブラジル人の結婚式があって、Kさんの奥さんも出席したら、そこで修からターニアを紹介されたのだそうだ。

「これまで親代わりしてきた人間に、こんな失礼な紹介の仕方ないでしょう」

と、奥さんが言うと、Kさんもうんうんうなずいている。もつれちゃったんだな。

「修さんには、8月いっぱいで出ていってもらいたい。10月までは待ちますが、遅くともそれが期限です。独立援助ということで、トラクター1台贈りますから」

「あっ、修はこれから農業やるんですか？」

「知りませんよ。それは修さんが自分で決めることです。僕は僕の約束を果たすだけです」

なるほどね。

「結婚の話が白紙に戻っても、もう出ていってもらいますからね」

相当怒っているらしい。おさまらない様子で、

「結婚しても、修さんが利用されるだけですよ。あっちの、ターニアさんの方がずっと上手です」

ターニアはここの人だから、当然、外国人よりは選択肢をたくさん持っているだろう。

「何も分かっていないんだから、修は。年とって幸せになれませんよ」

「別れなければでしょう？」

「そう。これまで見てきた他の例を見ても、この結婚は失敗します」

私はちょっと旅行ボケしたのか、Kさんの言うことがあんまりピンと来なかった。旅行が楽しかったのでその余韻が残っていて、ニコニコしていたかもしれない。8月か、もうじきだな、と他人事みたいに考えた。

下宿に戻ったら、この日もエヴァシーがやってきた。手紙を持っていて、読んだら、私への恋文みたいだった。彼氏がいるのに、私への恋文というのがよく分からなかった。

もう長くはいられないので、今のうちにと思って、エヴァシーのことをいろいろきいた。最初に一緒に来た友達というのは女中さんだそうだ。女中さんは3人いて、分担が決まっている。彼女自身は料理など満足にできないだろう。彼女たちはイタリア系の移民で、最初はサンパウロにいたらしい。いろいろきいていたら、

「ヒロシ、上達したわねえ」

とエヴァシーからほめられた。まあ、先生がいいからね。

修がKさんのところから出ることがほぼ確定したので、今後の動き方を決めていく段になった。私としてまず考えなければならないのはビザ更新で、これはサンパウロでやることに決めた。サルバドルでもできるが、私はサンパウロに行ってみたかった。8月15日までに更新できていなければならないので、7月末にはテイシェイラを発つことになるだろう。そして、サンパウロに住んでいるマウロ先生の弟が8月31日にサンパウロで結婚することになり、それに私も修と一緒に出ることになったので、その時はサンパウロにいるだろう。

修については、Kさんのところを出てから、まずは一度沖縄に帰るように私は強くすすめた。頭も冷やせるし、親兄弟と相談すべきこともあるだろうから、結婚してからよりは、する前の方がいい。修も同意した。

修は、Kさんのところから出た後のことを考えているようで、土、日を利用して、友達が住んでいるウナというところに行った。ウナはイリェウスから60キロほど南だそうだ。最初、7月6日に行く予定だったのが、13日になった。ターニアとその妹も一緒に行った。ところが、ちょうど13、14日は日系人のフェスタがある日だったので、修はそれから逃げたみたいな形になってしまった。

まず、13日に、町のはずれにある日系人会館で南バイア入植30周年祝賀会が開かれた。午前中、マリオが車で連れていってくれた。100名以上集まっていた。日系人がこんなにたくさんいるのかとびっくりした。子どもの数も多い。

私は一世の青年と友達になった。彼と話して、二世とは違うということをものすごく感じた。細かい気持ちのひだまで伝えあえるのである。彼は修のことも知っていたので、相談相手になってほしいと頼んだ。

午後はマリオにつきあった。彼のフォルクスワーゲンに乗って座っていると、知らない家に行って、ブッブーッとクラクションを3度鳴らした。玄関のドアが開いて、修繕中らしいジーパンを持った女性が現れた。その女性は、私にもニコニコ笑いかけるではないか。あれっ、どこかで会ったかな、とよく見ると、農場で事務をやっていた人だった。マリオは車から降りて、彼女と抱き合う。そして、一緒に家の中に姿を消した。車の中で待っていると、じきにまた出てきた。車が動きだしてから、あれが恋人かときくと、そうだとマリオはうなずいた。ちょっと前にマリ

オは、
「僕も見つかったらサンパウロに戻る」
と言って、彼もKさんには隠してブラジル人の女性とつきあっていることを教えてくれていたのだが、まさか、農場内で働いている人だとは思わなかった。唖然としてしまった。こんなふうにしてKさんは次々に裏切られていくのだろうか。

夜になって、ペドロという日系スタッフの一人がやってきた。マリオが映画をみに行こうというので、エイジはペドロのフォルクスワーゲンに、私はマリオのフォルクスワーゲンに乗って出かけたが、車は映画館を通りすぎてもっと先に行く。バーらしい店の前で車をとめて、ペドロは女性と話している。売春婦のようだ。といっても、特別にけばけばしい化粧をしているわけでもない。店の中にはいろんな色の電球の下に女性が何人かいた。私は、全然その気にならないので、先に帰ることにした。そう言うと、マリオの車をエイジが運転して下宿まで送ってくれた。マリオはどうして恋人のところに行かないのだろうかと思った。

翌14日は運動会だそうで、日系人会館の横の空き地でやるらしい。私はマリオと昼前に行ってみたが、つまらないので、農産物コンクールと農業機械の展示を見てから引きあげた。そして、夕方まで下宿でゆっくりしていた。

夜エイジと話した。エイジは修のことをハッキリとバカだというのである。日系のお嫁さんをもらうのが当然だと。Kさん以上にハッキリという。

Kさんのところで働いている日系人のうち、修、マリオ、トニー、ペドロとあと一人の5人が雇われの形でなく、経営参加のスタッフになっているそうだ。エイジ自身は雇われの形である。スタッフは純利益のうち半分をKさんが取り、残り半分を5人が等分する。つまり、純利益の10分の1が修の分になる。修は、前年10月に中古車を買ったが、最初に乗ったときに酔っぱらっていて、道路脇の木に車をぶつけて大破した。けが人はいなかったそうだが、修理代がたくさんかかって、サルバドルで両替したときのレートで計算して4300ドルぐらいになる。だから、修は現金を持っていない状態だそうである。だらしがない話だと私も思った。

日系人のフェスタのちょっと前に、二世の青年がピストルを持ってふざけているうちに、本当にぶっ放して、撃たれた友人が重体に陥るという事故があった。警察は動かなかった、というより、日系社会の恥ということで真相を隠したらしい。そして、同じようなことは以前もあったそうだ。表に出ないだけで、いろんなことが起こっているんだろうと思われた。

修はこの日の夜11時頃ウナから帰ってきて、翌月曜日の夜も下宿に戻ってきた。そして、ウナでの話をしてくれた。そこに住んでいる日本人の友人はカカオをつくっている。その友人の奥さんは、彼がブラジルに来る前から日本で婚約中だったのだそうだが、最初はサンパウロに住んで、こんなところに来るんじゃなかったといっていたそうだ。よっぽど盗みが多かったらしい。抵抗すればやられるし、いつも油断できないので神経を張りつめた生活だった。それがウナに移った今はとてもいいそうだ。カカオは輸出品で、ドル建てで、インフレに強い。その上、カカオは長持ちするので値段が上がったときに売ればよい。マモンは品不足になっても以前のようには値段が上がらなくなっているそうだが、人件費や肥料代はどんどん上がっていくから、もうけは減る。

「カカオがもう植えられていて、収穫もできるようになったのを売ってる。管理人もついていて、収穫から出荷まで全部やってくれるんだ」

ちょうどいい畑があって、買わないかと誘われたのだそうだ。

「いくらぐらいあればいいの？」

「そうだな…500万円ぐらいはほしいな」

ひぇーっ、大金だ。集まりますかねえ。

それに、金のことより、こういうのが修に合うのだろうか。きけば、農業というより、投機に近い。

修はまた、こんな話もした。ウナにはちょうどイリェウスと同じようにビーチがあって、観光地なのだそうだ。そのビーチにコーラやハンバーガーを売る店があって、よく売れている。その店が売りに出ていたのだそうだ。そういうのを買って、お金を貯め、カカオ農園を買う資金をつくったらどうか、と。そして、金が貯まったら、イリェウスに別荘を買えば、イリェウスは飛行場があるのでサンパウロもすぐだというのである。農業が好きなわけじゃないんだな。

9

冬休みが終わって、7月8日にヘクレイオに行ったら、先生は研修中でまだ戻ってこないと言われる。15日になって、先生が戻ってくるのは29日だという。そうすると、もう私がヘクレイオで授業を受けることはないだろう。こういう場合、先払いしてある7月分の授業料は取り返せるのかとターニアにきいてみた。取り返せると、彼女は言う。

ところが、23日になって、別の先生の授業が始まった。といっても、私一人だけの個人授業なのである。11時過ぎまでやってくれたが、終わり頃になるとしきりに時計を見るので、どうしたんですかと尋ねると、息子が二人いて帰りを待っているとのことだった。帰り際にヘクレイオの校長先生が、

「どうだった?」

ときくので、儀礼的によかったといっておいたが、新しい先生はユーモアの通じない人のようだ。とにかく、外国人の私を手とり足とり心配してくれ、親切もここまで来ると気味が悪くなった。私は他の生徒たちのことの方が心配になった。生徒をほったらかして先生が休むのはよくあることだとターニアは言っていた。

個人授業は26日(金曜日)まで続いた。先生は、私が熱心に予習してくるせいか、とてもうち

解けてきた。最後の授業で、根源語と派生語についてやったのだが、先生と私とで意見が一致しなかった。ターニアにきいたら、私の方が正しいということだった。

エヴァシーはその後も来ていたのだが、19日にちょっといさかいを起こしてしまって、距離ができて、その後はしばらくご無沙汰になった。エヴァシーが、8月31日に大学のフェスタがあるから寄付してくれと言ったのである。

「普通いくらぐらい払うものなの？」

「好きなだけ。払うんじゃなくて、これは寄付するものなのよ」

「でも、私は大学とは全然関係がないし、8月31日にはテイシェイラにはいないけど」

「出してくれないの？」

「何で出さなきゃいけないのか、そこが納得いかない。説得の仕方がまずいのよ。弁護士の私がその気になるようにやってみたら？」

冗談のつもりで言ったのに、彼女の顔は引きつってしまった。でもそれも一瞬で、にこやかに彼女は説明し直したのだが、同じことの繰り返しだ。疲れたのか彼女は説得するのをやめて帰った。

27日（土曜日）に、誘われて、エヴァシーの家に行った。その翌日も来て卒業のお祝いプレゼントをくれないかという。要求するのは恥ではないらしい。

「考えてみるよ」

「でも、別れたら忘れてしまうでしょう」

「そうかもしれないけど、とにかく考えてみるってことは約束しますよ。昨日あなたの家を見せてもらったけど、万事上流なんですね」

「いや、中流よ」

「あなたの中流ってのは、私にとっては上流なのよ」

下宿に置いてあった、ブラジル版「プレーボーイ」の写真を見せてみる。黒い肌の女性の特集号である。それを見て、エヴァシーは「醜い」と言った。

「自分の体、どう思う」

「満点だと思う」

エヴァシーは、自分の裸体を見るのも好きなのだそうである。

テイシェイラにいる間、日本のニュースはゼロに近かった。雑誌で、トヨダ商事のナガノカズオという社長が殺されたというニュースを読んだのが唯一である。それも「テレビ中継中に殺人」という短い記事である。それによれば、ナガノは、3万人に対して全部で12億ドル相当の金塊売買詐欺事件を起こして問題となっていたが、このナガノが6月18日、大阪の自宅でインタビューを受けていたとき、2人の日本人が日本刀でナガノを殺害したというのである。

日本のことより、ブラジルのニュースの方がピンと来るようにだんだんなってきた。例えば、リオで最近路上生活者が増えたが、実は3分の2は自宅があり、帰らないのは帰りの交通費がかかりすぎるからだといったような記事を見かけて面白く感じた。

サルバドルから帰ってから、カラベラスという、テイシェイラ東部の海岸の町に行ったりしたほか、普段は、テイシェイラの町を歩いたり、ジョギングしたりしていた。散歩もだんだん遠くまで行くようになった。町はずれまで行くと、トラクターで道をつくっているところを見た。草をはらうようにして地面を出せばもう立派な道路だ。線を引いて直線にするでもなく、適当にやっている感じで、そもそも道をつくるということにびっくりしてしまった。

まだ明るいうちは道に子どもたちが大勢出て遊んでいる。やっぱり、サッカーが一番多い。ちょっとした空き地ではたいてい試合をやっているし、場所がなくても、一人でも二人でもボールを蹴っている。大きな子は小さな子をとてもよくかわいがっている。私が小さい頃日本で見かけた光景だ。小さい子は木の車に乗せてもらっていることが多い。車輪も丸太を輪切りにしたもので、全部木製の乳母車である。市場に行くと、この車を持って客待ちしている子どもがいた。市場で買い物したものを運ぶのである。たいてい裸足だ。

どんなにぼろな家でも、ほとんどの家にテレビがあるのは予想外だった。来る前は、このような娯楽設備は何もないだろうと思っていたのである。だから、補聴器の電池補充のために、電池も充電式のものを持ってきた。電卓ぐらいの大きさのコンパクトな充電器を秋葉原で探して持ってきて、太陽光線を利用して充電する。しかし実際に使ってみたら、市販の乾電池よりちょっとボルトが低く、音量が十分出ないので、結局、店で売っているものを使う方向に転換した。

下宿の家主が裏に住んでいて親しくなったし、下宿の前の家のおばさんが手を振って挨拶するとか、近所の子と話すとか、近所づきあいも始まった。井戸端会議は盛んな国のようである。週末早朝のフェイラ（露店市）を見に行ったりもしていた。

それよりは、2ヶ月半を過ごした下宿自体のことがいろいろ思い出される。夜になるとヤモリがなくのは沖縄と同じだ。天井がついてなくて、カワラがじかに見えるので、ヤモリの走り回るのも見える。ラジオを置いて旅行にいったら、留守の間にカワラを破って侵入されて盗まれた。

生活自体は、日本にいるのとあまり変わらなかった。でもブラジル式のやり方がだんだん身についてきた。

例えば、ミカンを食べるとはいわないで、吸うという。ミカンの上の方をナイフで切り取って、汁を吸い出して食べるのである。

店で買い物していたら、家を買わないかときかれたことがある。いくらときいてみたら、4000万クルゼイロだというのだ。買い物の途中でこんな話が持ち込まれることにもびっくりした。

10

25日（木曜日）、トニーさんも加わって、修がいつやめるかの話をした。トニーさんが帰ってからも修と話を続け、8月一杯で出るという線で固まった。

仕事はテイシェイラでもあるという。コチア（農協）に入らないでやっている人もいるそうだ。トニーさんの親戚にも、かつてKさんのところを追い出されて、コチアに入らずにやっている人々のために運送などの仕事をしている人がいるそうだ。修はテイシェイラを離れたいようだが、ターニアはついてこないのではないか。

28日（日曜日）、30日朝発のサンパウロ行きの切符を買った。この日より前の切符はなかった。

この日、トニーさんがまた来て、8月一杯で出ると修は不利になるという。

彼の考えでは、修は雇われの形ではないから、もうけが出なければ何ももらえない。決算は12月で、今の段階では利益のあるなしもハッキリしていないし、利益があってもどうにでも操作できるだろうというのである。仮に裁判で請求した場合修の方から勝手に出て行ったという形だと負けるだろう、と。

トラクターをくれるというのも、もしKさんが用意した土地でやるならという条件付きかもしれないそうで、これは修もハッキリ分からないらしい。

いずれにしても、いったん出てしまえば問題が起こったとき何の保証もないではないかとトニーさんはいうのである。

「でも8月一杯に出るというのは、それで契約が終わりになるってことじゃなくて、12月までは契約はあるんでしょう？　だから、12月までの請求はできるんじゃないか」

と私が疑問をはさむと、

「そうだけど、出てしまえば何とでも言えるから」

とトニーさんは言い、修も、

「そうだ、そうだ。ブラジルの裁判なんてめちゃくちゃなんだ。偽証など日常茶飯事だ」

「しかし、Kさんはそんなことする人なの？」

前にKさんは、日本人同士の争いは自分たちだけで片づけるのだと言っていた。だからブラジルの法律も適用しない。その結果、日本以上にムラ的にもなるのだろう。

「Kさんがごまかしやるようなら、そんな人から金もらっても仕方ないと思うけどね」

修はしばらく黙っていたが、やがて、

「洋さんの言う通りだ。Kさんはそういう人じゃない。だからこそ、一緒に働いてきた」

「なら、Kさんにいやな思いさせて12月まで頑張るより、あっさり8月で出た方が、ずっといい結果になると私は思うね。Kさんの言うことを信用して出ます、と言った方が、ちゃんともらえる確率も高いんじゃないの？　もしブラジルの裁判がそういうもんだというなら」

「よーし、決めた。やっぱり8月一杯で出る」

トニーさんは何も言わないで帰った。

それにしてもトニーさんの発想にはびっくりした。日本人でこういう論理の組み立てをする人はあんまりいないのではないか。日本語もうまいし、日本食を毎日食べてもいるが、発想は全然別なのだと思った。この問題はブラジル人の奥さんをもらっちゃダメというところから始まっているわけだから、それをブラジル式に解決するというのもおかしなものだ。

もっとも、Kさんはそのちょっと前に、ブラジル国籍はとったのである。ちょっと妙な感じだが、直接きいたところでは、融資枠などはブラジル人の方が有利になるらしい。合理的な経営を考えた結果がこういうことならかなり皮肉な話である。

29日（月曜日）の夕方、修が農場から下宿に帰ってきた。沖縄の父親に手紙を書くためらしい。私がそれをサンパウロに持っていって投函すればかなり早く着くだろう。

途中まで書いた手紙を私に見せてくれる。

「これじゃ、分からんだろう」

「いや、分かるよ」

修からは、テイシェイラで起こっていることを沖縄の家族に知らせないようにと、言われていた。しかし、私自身の判断で、全部妻に伝え、ふせておくようにと注意しておいた。どうせいつかは分かることなので、それなら早くから知っていた方がちゃんと対応ができると思ったのである。私に言わせれば、自分の失敗とか都合の悪いことを何でもかんでも隠そうとするからおかしなことになるのである。しかるべき人に相談した方がいい知恵が浮かぶ確率は高い。

修は、いろいろ思い出すのか、なかなか筆がはかどらないようである。マウロ先生のことや、沖縄のことを私と話す。ビールを2缶飲んだあと、ピンガを飲み始めた。いろんな想念がわき起こっている様子だ。

10時になって、修と一緒にターニアの家に行こうとすると車が動かない。小雨の中を歩いていった。ターニアと、一番下の弟が起きていた。

下の弟は、この前雇い主に、

「僕に命令できるのはパパイ（お父さん）だけだ」

と言ってクビになったが、雇い主からまた働いてくれないかと言われてOKしたのだそうである。立派な息子だ。

そのパパイがちょっとしてから帰ってきた。平日は牧場に寝泊まりしていたため、初めて会ったのは7月21日になってからだった。この夜は、非常に疲れた様子だった。何でも自治体の議員選挙に立候補したのだそうだ。39人立候補して、当選するのは15人ぐらいだそうだ。修も農業労働者への運動を頼まれているそうである。お父さんが牧場から持ってきたという牛乳は、濃くて、おいしかった。オランダ牛だそうだ。

お父さんが車で送ろうというのを断って、修と歩いて帰る。

30日（火曜日）、前夜の牛乳のせいで下痢をした。

修は車の修理に行って、戻ってきてから手紙の続きを書き始めた。

私は修が修理に行っている間に、弁当用のサンドイッチをつくった。それから、リュックに荷物を詰める。このままテイシェイラに戻らなくてもかまわないという線で持っていくものを選んだので、荷物はかなり重くなった。下宿の写真を撮り、手紙を書いている修も撮る。

修は午前9時50分頃手紙を書き終えた。封をしてから大いそぎで、車でホドビアリアに向かう。9時55分頃着いたら、バスはすでに来ていて、客も乗ったあとだった。リュックを預け、乗車すると、バスは定刻通り10時に出発した。

今ふりかえってみて、当時の日本との連絡の遅さにはびっくりする。妻や母に手紙はよく書いていたが、それ以外は何も連絡手段はなかった。私はそれで特に不便を感じなかった。今ならちょっと我慢できないだろう。何しろ、スカイプを使えば、パソコン画面で相手の顔を見ながら、ただでいくらでも話ができるのである。変われば変わるものだ。

11

7月31日にサンパウロに着いてから、まっすぐペンションョン荒木に行った。地下鉄でリベルダージの次のサンジョアキン駅で降りてすぐである。

宿泊者はすべて日本人ないし日系人で、経営者のおばさんも二世だった。着いてすぐに1ヶ月分払った。おばさんは、通りに面した部屋に案内してくれた。2段ベッドが二つと普通のベッドが一つ入っていて、私は奥の2段ベッドの上になった。とにかく1ヶ月居れる場所が見つかったので、心理的に非常に安定した。各自が鍵を持つので、出入り自由なのも嬉しい。

ペンション荒木のことは、実際に旅をした人たちの情報をまとめた冊子に載っていた。今は『地球の歩き方』にも載っている。ナイロビのイクバル、メキシコのモンテカルロを連想させたが、イクバルやモンテカルロでは現地の人も泊まっていたからかなり感じが違う。ロビーに、「七つの海はすでに見た」というせりふから始まるペンション荒木の歌がはってあった。

すぐに同宿者と友達になり、日本語で飽きるほど話せる環境になって、テイシェイラでの生活と大きく変わった。テイシェイラでは地元の人しかいなくて、皆さん、働いているか勉強しているかなので、どうしても一人の時間が生まれた。それがいい意味の緊張感を持たせてくれたような気がする。荒木では、旅行者が多いのでブラブラしている人がいて、いつでもおしゃべり相手は見つけられた。ボーッとしているとポルトガル語を忘れそうだと思った。

サンパウロの本屋には予想以上の本が並んでいた。私の語学力では全部読んでしまうことは無理なので、何度も通って、買う本を決めていった。

法律関係の本は立ち読みしてみると、欧米の法律書を直訳したみたいな感じのものが多い。ブラジルがポルトガルから独立したのは1822年だから、日本の開国より早い。とりあえず憲法の勉強は必要だろうが、私の興味は、法が実際にどのように機能しているかということなので、条文の解釈なんかより、背景を説明してくれる社会的な事実関係やデータを探していた。しかし、そういう種類の本はきわめて少ないようだった。

サンパウロの町は気に入った。コンクリートの建物が多いため、色としては灰色のイメージである。でも、そんな何もない感じがかえって開放感を感じさせた。本屋でサンパウロという町の歴史について書かれた本もいくつか見かけたので、できれば読んでみたいと思った。日本語の本は、荒木のそばにある日伯文化協会の図書館に行けば十分あった。

8月7日に2ヶ月間のビザ更新ができたので動けるようになった。

まず8月14日にバスで出発してカンポグランジに1泊後、パラグアイとの国境のポンタポランまで行ってみた。カンポグランジとポンタポランの間にあるドラードスは、金色ではなく赤茶色の町で、このあたりからコブ牛（ゼブ）が目立つようになった。

ポンタポランはブラジル側で、これとくっついて、パラグアイのペドロ・ファン・カバジェロという町がある。国境に沿って道が走っていて、ノーチェックで自由に往来できる。

杉山春『移民還流　南米から帰ってくる日系人たち』（新潮社・2008年）という本の第3章に、著者の杉山さんがポンタポランを訪問したときのことが書かれている。この本を読んで、この国境の町で日系人がどんなふうに暮らしてきたのかよく分かった。10家族のうち9家族が日本にデカセギに行ったのも仕方がないと思われるような厳しい生活だ。

17日に荒木に戻ってきてから、奥の裏庭に面した部屋にかわった。この部屋に奥間邑盟さんがいた。荒木に滞在中、私はこの奥間さんと一番親しくつきあった。

彼は沖縄の本土復帰前にブラジルに来て、18年になるということだった。キューバ系共産主義の熱狂的な支持者で、仕事は時計や雑貨の行商なのだが、ブラジル国内だけでなく、アンゴラとか、ニカラグアとか、戦地にあちこち出かけていって、そこで、商売していたという。実際は何をやっていたのか分からないが、とにかく国際的な経験が豊富で、いろんな情報を持っていた。彼は、自分のことをブランキストと言っていた。ブランキというのはフランス革命時の人で、一匹狼、一騎主義の人物をブランキストというのだそうである。これが彼の哲学。彼によれば、商売では、店を持たずに外交販売するのがこれにあたるんだとか。店を持つのは資本家階級、店を持たないのは労働者階級というのが奥間さんの分類で、自分は労働者階級だという。

その彼に8月22日（木曜日）からくっついて動いていた。

22日に、彼から、一緒に売ってみないかと誘われたので、見学してみようと思って連れていってもらった。この日は空港のあるガルリョスに行った。ガルリョスのセントロに着いて、いきなり事務所に入っていった。知り合いがいるのかと思ったら、受付嬢の前に品物をバッグから一つ一つ出して、どうですかとやり始めた。彼女はグリーティングカードを買った。さらに奥にいって、女性の事務員にはボールペンを売った。一番奥には何人かいたが売れなかった。

続いて、ミツビシ銀行に入っていく。男性行員がカセットを値段次第では買いそうだったが、奥間さんはまけなかった。そこを出て、スナックに入る。ここの奥さんが沖縄三世なのだそうである。その奥さんに売れたのかどうかは分からないが、ここでオレンジジュースを飲んだ。奥間さんがおごってくれた。

それから歩いていくと、日系の歯科医師に会い、招じ入れられて医院内に入った。若い歯科医師は、時計とパンティストッキングを買った。もう5時になっていて、この歯科医師はやってきた客に居留守を使った。奥間さんは、もったいないじゃないか、と言った。

その後、奥間さんの友達だという不動産屋に行く。しばらくブラブラ待たされてから通されて、子ども用のパンツを売った。ここの主は、奥間さんのことをアミーゴだと言って、コーヒーを出してくれた。とてもおいしい。群馬県の飾りを持ってきて見せてくれた。

ここを出たらまた知り合いらしい男にぶつかり、ライターを売った。その後、最初に行った沖縄三世の店に戻って、カイピリンガ（ライムをつぶして砂糖をまぶし、ピンガで割る）を飲んでから、バスでセントロに戻った。ポンタペケナという市内バスターミナルで地下鉄に乗り継いで帰った。

2時間半の商売で20万クルゼイロぐらいも売ったのではないか。原価の倍ぐらいで売っているようだから、10万もうかったことになる。売る相手は日系人とは限らないが、このあたりに知り合いがとても多いようで、歩いていくと、やあ、と言って通り過ぎる人が多い。

翌23日の朝、時計を仕入れに行くという。ついていっていいか、ときくと、ＯＫしてくれて、見たいものは何でも見せてあげようと言ってくれた。

地下鉄サンベント駅近くに仕入れ先がある。10階ぐらいのビルの中に時計や化粧品、ラジオなどの店が集まっている。6、7階以上の店を行ったり来たりして、カシオのデジタル時計をたくさん買う。買う前に品物を丹念に調べる。奥間さんは目が悪くて、ルーペ型の虫めがねで検分する。大変時間をかけて買うのである。店の人とは顔見知りのところが多い。12時近くまでで買い物を終え、それから近くの公設市場に行った。

市場を見れば町のことが分かる。公設市場は大変な物量で感心する。市場を出てから、近くの銀行があるビルに来るとつかつかと入っていく。エレベーターに乗って高い階でおりて、一つの部屋に入る。日系らしい男女の他、そうでない人たちもちょっといる。昼休みのようだ。というか、昼休みをねらってきたのでしょう。この部屋の人たちが他の部屋の人たちも集めてきて、奥間さんは10人ぐらいを相手にして、時計を二つ売った。それが、今仕入れてきたばかりの品なのだ。それをお客は倍の値段で買うのである。

奥間さんは、売れた分を補充するといって、また仕入れた店に戻り、それから近くのレストランでアラブ料理を食べた。私がかつてトルコやイラン、アフガニスタン等で食べたものとは相当違っていたが、大変おいしかった。ビールも入れて4万3000クルゼイロ。それを割り勘にした。問屋街には、レバノンやシリアなどアラブ系の問屋も結構あるから、レストランも需要はあるのだろう。韓国人がやっている生地の問屋も多かった。

この日の夕方は、セアザというサンパウロの卸売市場に行った。バスを乗り継いでいって1時間ほどかかる。薄暗くなる頃に着いた。巨大な市場だった。日系の顔が目だって多く、日本語もきちんとしゃべられている。活気があった。奥間さんは一般の人に売るのではなく、市場で働いている人に売るのだった。はじめは、仕事が忙しいせいもあってなかなか売れなかった。日系人だと、どうしても雑談が混じるので、話が長引いてしまう。私なら神経に障るような感じでふざけてくる人もいた。

労働者もよく頑張っていて、箱から落ちたジャガイモをバリバリッと食って車を引っ張っていったおじさんがいた。うまいのだろうか。落ちた半端物を拾う女性と子どももちょっといる。彼らはファベーラに住んでいると奥間さんが教えてくれた。

農産物の種類はきわめて多い。カボチャは丸いのより棒みたいな形のでっかいのが多い。ナスなど人工物みたいにピカピカ光っている。

市場には、ドルの現金をほしがっている人もいた。この日、1ドルが9300クルゼイロだということだったが、旅行社などでかえるより100か200はいいレートになっていた。

9時頃になって奥間さんは売り上げのお金を勘定して、これで飯が食えるといった。市場のそばでシュハスコ（串差し肉）をビールを飲みながら立ち食いする。寒くて、そして、肉が固くて、お腹はいい具合に落ち着かない。この店も沖縄の人がやっているそうだが、市場の店でも沖縄の名前をかなり見かけた。バスと地下鉄で荒木に戻ってくると夜12時前になっていた。

翌24日は土曜日だったが、午後、奥間さんと一緒に警察署に行った。リベルダージからバスで20分ぐらいのところにあった。前に住んでいたところで奥間さんは空き巣に入られて、お金も物も盗られたのである。奥間さんはそれで荒木に移ってきたのだが、盗まれたテレビがこの警察署にあるというので請け戻しに行ったのだった。ところが、購入した領収証が必要なんだそうで、かなり歩いて修理と書かれた板をぶら下げた家まで行ったのだが、留守だった。

25日は夜行バスで、奥間さんとパラナ州のクリチバに行った。1泊後の朝、一緒に郊外にある卸売市場に行った。市場はサンパウロよりはずっと小さかったが、設備は整っていて、銀行もあった。クリチバの町についての印象は、ハンガリーのブダペストに似た感じだなと思った。後で旅行書を見たら、ドイツ系、ポーランド系の移民が多いところだと書かれていたから、まあ当たっていた。黒人は少ない。町全体がしゃれた感じなのは、学生の町だからなのかと思った。ここにブラジルで最初の連邦大学がある。書店にも面白そうな本が並んでいて、サンパウロの本屋よりもよかった。法学関係の本で使えそうなものを2冊買った。

バスに乗るときは、まず切符を買って乗り、ワンマンの運転手が切符を機械に差し込んで使用済みにする。ブダペストの市電と似ていた。乗換駅というのがあって、そこでただで乗り換えられた。ホームがあり、ホームとホームは地下道でつながっていた。クリチバは、2009年8月に再訪したが、その時は、バスに乗るときに改札があって、料金を払った後は切符はなかった。ホームに立ったら、あとは乗るだけという状態にして、停車時間をより短縮できるように工夫したのだろう。

修は、8月31日にサンパウロに出てきた。修も荒木に泊まることになった。その日の午後マウロ先生の実家に行ってから、家族と一緒にマウロ先生の弟の結婚式に出た。その後、修は9月13日夜に日本に向けて発った。これで、ブラジルに来た目的の一つは果たせた。

12

ブラジルのビザの切り替えはパラグアイの首都アスンシオンでやることに決めた。

修が出発後、9月17日にパラグアイ領事館でビザ申請手続きをした。

そして出発まで、荒木で、ブラジル連邦憲法を読んでいた。憲法の修正が多く、条文はごちゃごちゃと複雑になっていて、全体像を把握するのが難しくて苦戦していた。条文の解説書（コンメンタール）や英語・ポルトガル語の法律用語辞典を買ってきたが、なかなかはかどらなかった。荒木に、これから大学受験予備校に入るという三世がカンピーナスからきて勉強していたので、一緒に勉強した。ここでは大学入学前に予備校に通うのはごく普通である。

10月7日の夜行バスでサンパウロを発って、翌朝イグアスの滝に着いた。しぶきで濡れてもいいようにカッパを着ていった。しかし、滝は水量が少なかった。滝よりはイグアナ（タトゥ）が地面を歩いていたことの方が強く記憶に残っている。

1泊後、バスでアスンションに行った。荒木にいた旅行者が香港飯店というところを教えてくれたので、そこに行った。

香港飯店は、外からはレストランにしか見えないが、奥がペンションになっていた。10ぐらいの個室にわかれていて、そこに落ち着いたら、すぐに若い東洋系の人がやってきた。日本語を普通に話す。何でも、私のことをみんなが強盗犯人か何かではないかと詮索して、素性を偵察してこいと言われたのだそうだった。実際パラグアイは、犯罪者が身を隠すためにやってくる場所として有名である。佐木隆三の『旅人たちの南十字星』という作品がパラグアイに逃亡する犯罪者の話である。

彼は陳君銘という名前で、台湾人だった。以前日本には5年いただけというのだが、日本語がとても自然でうまかったので、たぶん、台湾で日本語が話せる人と育ったのではないかと思った。20歳だそうだが、これからパラグアイで勉強する予定らしい。彼が日本に来たのは徴兵忌避のためであった。徴兵の年齢になる前に外国に出てしまうわけである。

彼とは後に、東京の中野で再会した。日本に滞在するために結んだ日本人との養子縁組が解消された結果日本に滞在することができなくなって、結局、私が身元を引き受けて、彼は沖縄の情報処理専門学校に入学した。非常に優秀で、入学後クラス委員長になったりしたのだが、だんだんと欠席が増え、2年目に入る頃だったか、退学した。統一教会の勧誘に引っかかったようだった。そして、その後行方が分からなくなったのである。だいぶん後になって、一度、確かパラグアイから手紙が届いたことはあったので、現在パラグアイにいるのかもしれない。私は、人の顔おぼえが悪くてすぐに忘れてしまう方だが、彼の顔は今でも鮮明に思い出せる。目と唇が非常に大きかった。

アスンシオンには5泊した。食べ物があたって細菌性の下痢が続いていた。水には十分注意してミネラルウォーターを飲んでいたのだが、たぶんサラダにあたったようである。ひどい下痢で力が抜けてしまって、なかなか治らなかった。中華料理はこの点、食材を全部火に通すので安心で、私は食事も香港飯店でするようになった。日曜日には町の中心部の店も閉まっていたから助かった。おまけに、1泊2ドルで安かった。

10月14日に出発して、アスンションから船で北に向かいコンセプシオンという町まで船で行った。熱帯の川を移動してみたかったのである。甲板にはハンモックがあった。一晩船で過ごして、翌朝コンセプションに着いた。そこからバスでペドロ・ファン・カバジェロまで行って、出国手続きをしてからポンタポランに入り、ブラジルへの入国手続きをした。

入国後、ブラジルとパラグアイの国境に沿って南下して、17日にグアイラという町で1泊した。グアイラは川の合流地点で、対岸からフェリーに乗って着いた。フェリー乗り場に沖縄出身のおじさんがいて、日本語で話しかけてきたのにはビックリした。グーグルの地図を見てみると、今は川を横断する橋ができて、フェリーはなくなったようである。

ポンタポランからグアイラまでバスで走ってみて、このあたりがインディオ居住地だということが分かった。人々はマテ茶を飲んでいた。

グアイラに1泊後、バスでサンパウロ方向に向かい、まず、ロンドリーナまで行った。ロンドリーナに着く前にマリンガという町に停車したが、ここで鳥居を見かけ、日系人が住んでいることが分かった。

もう薄暗くなってからロンドリーナに着くと、ちょうどサンパウロ行きのバスが出発するところで、私が一番最後の客になり、一番後ろの座席に座った。ずっと動いてきて疲れがたまっていたので、すぐにうとうとして、そのまま寝てしまった。

突然衝撃とともにバスが止まって目がさめた。ぶつかったようだ。暗闇の中で乗客が動いていた。やがて乗客は、窓を開けてバス外に脱出した。外に立ってみると、コカコーラ運搬車と正面衝突していて、バスの運転席とは反対側の前部、つまり、最前列のお客さんが座っているあたりが大破し、血だらけになったお客さんが見えた。夜明け近くになっていた。広いハイウェイなので普通にはぶつかりそうになく、事故の原因はコカコーラ運搬車の運転手が居眠り運転をして反対車線に突っ込んでしまったのではないかと思われた。われわれが立っている周辺はコカコーラの破片でいっぱいだった。サンパウロに向かう幹線道路なので、次々に同じ会社のバスが来て、空席があるところに順に乗ってサンパウロに向かった。荒木に着いたら、おばさんから、額から血が出ているよ、と言われて鏡を見て、初めてけがしていることに気がついた。翌日の現地の新聞に、この事故の記事が載っていた。2人死んだそうだ。バスに乗ったときは、後ろの席になって揺れるんじゃないかと心配したことを思い起こした。何が幸運につながるか分からないな、と思った。

テイシェイラにいるとき、Kさんのところのトラックがひっくり返ったことも実際あったし、事故は非常に多いと修は言っていた。基本的には、運転手の労働条件が悪いため、無理して運転するために事故が多発するということだった。

13

サンパウロに戻って、ちょっとゆっくりしてから、10月27日に出発して、ブラジリア経由でアマゾン川の河口のベレンまでバスで行き、帰りもバスで、主にブラジルの東北部の乾燥地帯などを回ってから、12月13日にサンパウロに戻ってきた。

ブラジリアでは郊外の集落にバスで行って、奥間さんから教えてもらったホテルに泊まった。町の中のホテルは高くて、敬遠せざるを得なかった。

ブラジリアは、計画都市で、機能分化した人工的な町だから、通りに出ればどこにでも店があるという具合にはいかない。しかし、実際に来てみて、予想していたのとは違って田舎の感じがした。人が気取っていないのである。靴など、私と同じで、靴下をはいていない人が多い。総じてハイカラな人に出会わない。物の値段もサンパウロよりちょっと安い。車で動くことを前提に作られた町で、歩いている人は本当に少なかった。サンパウロと比べると、黒人が多いような気がした。

ブラジリアから北上していって、インペラトリスという町で1泊後、ベレンに行った。バスに乗っている時間だけで40時間前後かかった。道は悪く、下痢をしてしまい、しかし、途中トイレもほとんどなく肉体的に相当まいった。

そのせいか、ベレンに着いてから風邪をひいて、悪寒が続いたので、10日間あまり滞在した。日本人が経営しているペンションで、すごく気楽でいい宿だった。おばさんが非常に親切、かつ、よく気がつく人で、例えば、洗濯物を外に干して出かけ、夕方雨が降ってきたので走って戻ってみるともう屋根付きの干し場に移動されていたし、ズボンを裏返さないで干しておいたら、裏返してくれていた。食べるものも、毎日泊まっている人に合わせて市場に買いに出かける感じで、実際、一緒に買い物に行った。市場には大きな魚が並んでいた。ここで初めてテラピアを食べた。

このペンションは、ベレン周辺の田舎から買い物に出てくる人に多く利用されていて、1泊か2泊の人が多かった。荒木で会った人もいたが、この人はこちらでの農業を模索していた。皆さん仕事で来ている感じで、私も体力が回復したらすぐに動きたかったのだが、よっぽど疲れていたのか、なかなか思うように回復しなかった。

ベレン滞在中に私は弁護士の小山次男氏に会って話をきいた。「パラアマゾニア」という雑誌に載っている同氏の文章を読んで興味を感じ、事務所に行って会ってみた。とても親切な人だったが、ビックリしたのは、着実な実務家タイプと思われたのに、その人がパラ連邦大学で比較文化を講じているということだった。とても親近感を感じたのだが、それっきりになって現在に至っている。

ペンションには高松さんという人がトメアスから泊まりに来ていた。農業協同組合が事実上倒産状態になって大変な状態らしい。話を聞いて興味を感じ、見ておこうと思った。ちょうど子どもの肝臓検査のためにトメアスからベレンに出てきたおばさんがいたので、その検査結果が出てから、11月13日に一緒に連れて行ってもらった。片道6時間ぐらいかかった。

着いてから組合に行ってみたら、小早川さんという大正3年生まれのおじさんがちゃんと車で回って畑を案内してくれた。結構時間をかけて、コショウやカカオなどの畑や保存倉庫などを見せてくれた。

翌日、ベレンへのバスの切符を買いに行ったときに、たまたまハマグチトシオ氏に会い、誘われて自宅に行って話を聞いた。ハマグチさんは長崎県の五島列島の出身だそうだが、組合を抜けた組なのだった。彼にいわせると、外見上は組合はまとまっているみたいに見えるが、それはうわべに過ぎず、本当にみんなのためにと考えている人などいないというのである。そして、若い人は組合のそういうあり方に魅力を感じないから、一度町に出てしまえば戻ってこない、と。テイシェイラでの経験からも、トメアスも閉じた社会なんだろうなということは感じられた。ベレンへ帰るバスの中で一緒になったおじさんは、小早川さんが連れて行ってくれた先で会った人だったが、ハマグチと名前をきいただけでバカもん呼ばわりしていたから相当な軋轢があるんだろうと思われた。

15日にベレンに戻って、17日に発ち、テレジーナ経由でフォルタレーザに行った。どちらの町も真っ黒で、東洋系の顔は全く見かけなかった。東洋系の顔はよっぽど珍しいらしく、ジロジロ見つめられて閉口した。

フォルタレーザから南におりて、内陸に入った。内陸部に入ると黒人は激減し、かわりに、われわれよりももっと白い肌が多くなる。白人とインディオの混血でカボクロと一般に言われている。ブラジル東北部の内陸をセルトンといっているが、非常に乾燥していて、水が湧き出るところに集落ができる。最初に行ったのはジュアゼイロ・ド・ノルチという町で、フォルタレーザから10時間あまりかかった。ここには有名な教会がある。ホテルの3階の部屋から瓦の屋根屋根を見渡すことができて、すてきな眺めだった。

その後、東に向かい、アルコヴェルデという小さな町に1泊した。町は街道沿いにできているので細長い。ホテルの場所が分からずにいると、おばさんが連れて行ってくれた。

町全体の写真を撮ろうと思って高台に上がると、ネズミのような動物を抱えた娘さんが岩に座って、子どもたちと遊んでいて、私に話しかけてきた。写真を撮らせてもらった。町の食堂でご飯を食べ、ビールを飲んでいたら、周りのおじさんたちが、なんか笑える雰囲気で楽しかった。店を出るときカメラを置き忘れたらあわてて注意してくれた。

11月24日（日曜日）にレシーフェに着いて、12月5日まで滞在した。日曜日だったのに、ホドビアリアのインフォメーションが開いていて、そこで、セントロのペンションを教えてくれた。この町の人々も真っ黒だった。ホテルまで歩いていくと、道路に寝ころび、あるいは座り込んでいる人がたくさんいて、危ない町だなとすぐに感じられた。

実際、めがねをとられてしまった。ホテルに落ち着いてから郊外の町に行ってみようとした時、ターミナルでバスに乗って座って出発を待っていたら、窓の外からにゅーっと手が伸びてきてめがねをひったくられたのである。ぼんやりした目で外を見ると、二人の子どもが走って逃げていくのが見えた。肩車をして、手が届く高さにしてからひったくったのであろう。全くあっぱれで、笑ってしまった。レシーフェの中心部は人も車も一杯で、めがねなしで歩くのはちょっと冒険だった。とりあえず、交番の場所をきいて被害届を出し、それから、ホテルまでゆっくり歩いて帰った。幸い、以前使っていためがねを予備用に持ってきていたが、度が弱かった。

ホテルは、なかなか居心地がよかったのだが、電気が暗くて、夜、本が読めないので、60ワットの電球を買ってきてつけ替えた。電球の上の方が銀色の膜で覆われていて、傘なしでまぶしくなかった。1万3500クルゼイロだった。レシーフェで両替したら1ドルが1万2100クルゼイロまで下がっていたので、1ドルちょっとということだ。安宿というのはどこも電気が暗いので、その後重宝した。

シドニー＝シェルダンのポルトガル語訳の本に熱中して、夜も眠れない日が続いた。読んでいたのは『天使の自立』である。このあと、『真夜中は別の顔』を読んだ。

レシーフェにいる間にいくつか近くの町に日帰りで行ってみたが、やっぱりセルトンの町が面白かった。とりわけ、カルアルーという町の水曜市はハッキリ記憶に残っている。ここは民衆芸術家がたくさん住んでいるところらしくて、面白いものがいろいろあった。ここで版画を4、5枚買って、沖縄に持って帰った。それを大きな紙にコピーして、今も沖縄の家の書斎の壁にずっとはってある。飢饉で食べ物がなくなって故郷を去るところや、セルトンの踊りの様子などの版画で、素朴で気に入っている。

レシーフェには民俗博物館のようなものもいくつかあって、日本領事館で教えてくれた。ここの領事館は親切だった。本屋もいいのがあって、だんだん荷物が重くなっていった。

12月5日の夜行でサルバドルに行き、8日にテイシェイラに戻った。修は下宿から出てターニアの家に住んでいるそうだったので、私はホテルをとった。

修はすでに沖縄から戻ってきていた。平日は畑の小屋に泊まり込みで頑張っていた。カボチャを植える予定のようだったが、井戸がなく、天水頼みで危ない感じがした。

修に引き留められたが、旅の気分で行ったので長居する気になれず、11日にテイシェイラを発った。サンパウロ直行のバス切符は満席で買えなかったため、ヴィトリア経由でベロオリゾンチに行った。1泊してから、13日にサンパウロに戻った。

年末に帰国するまで、荒木で同室になった人と、3泊4日でリオに行った他はブラブラしていて、日本語ばかりの生活になってしまった。

荒木で知り合った人で、今もつきあっている人は他にもいる。やっぱり、地球の裏側まで来る人というのは、いろんな意味で極めつきの人が多い。松山順一さんなど、どうやって旅行資金が続いているのか知らないが、どう見ても外国にいる時間の方が長い。Kさんと同じ鹿児島県出身だが、日本国内でも、鹿児島にいないことの方が多い。結構マメに現地の様子を伝えてくれる。後述するように、私が２００２年にフィリピンのダバオから引きあげたあとの1年間、彼が私の活動を引き継いでくれた。その後彼はカンボジアで2年間ぐらい働いていた。

以上が１９８５年にブラジルに滞在したときのことである。

ブラジルには１９９７年頃までちょいちょい出かけて、サンパウロを起点として動いていた。１９９１年に最西部のアクレ州に行った。周辺国にも行き、さらに、ドミニカ（１９８９年）やキューバ（１９９７年）にもサンパウロから行った。

その後、ダバオにひんぱんに通うようになったりしたことから、10年間ぐらいご無沙汰していた。

２００８年に、沖縄移民１００周年記念の行事に娘と参加してから、またブラジルに行くようになり、娘も、クリチバを主な調査地として、沖縄県系人のネットワークを現在調べている。

第3章　ダバオ

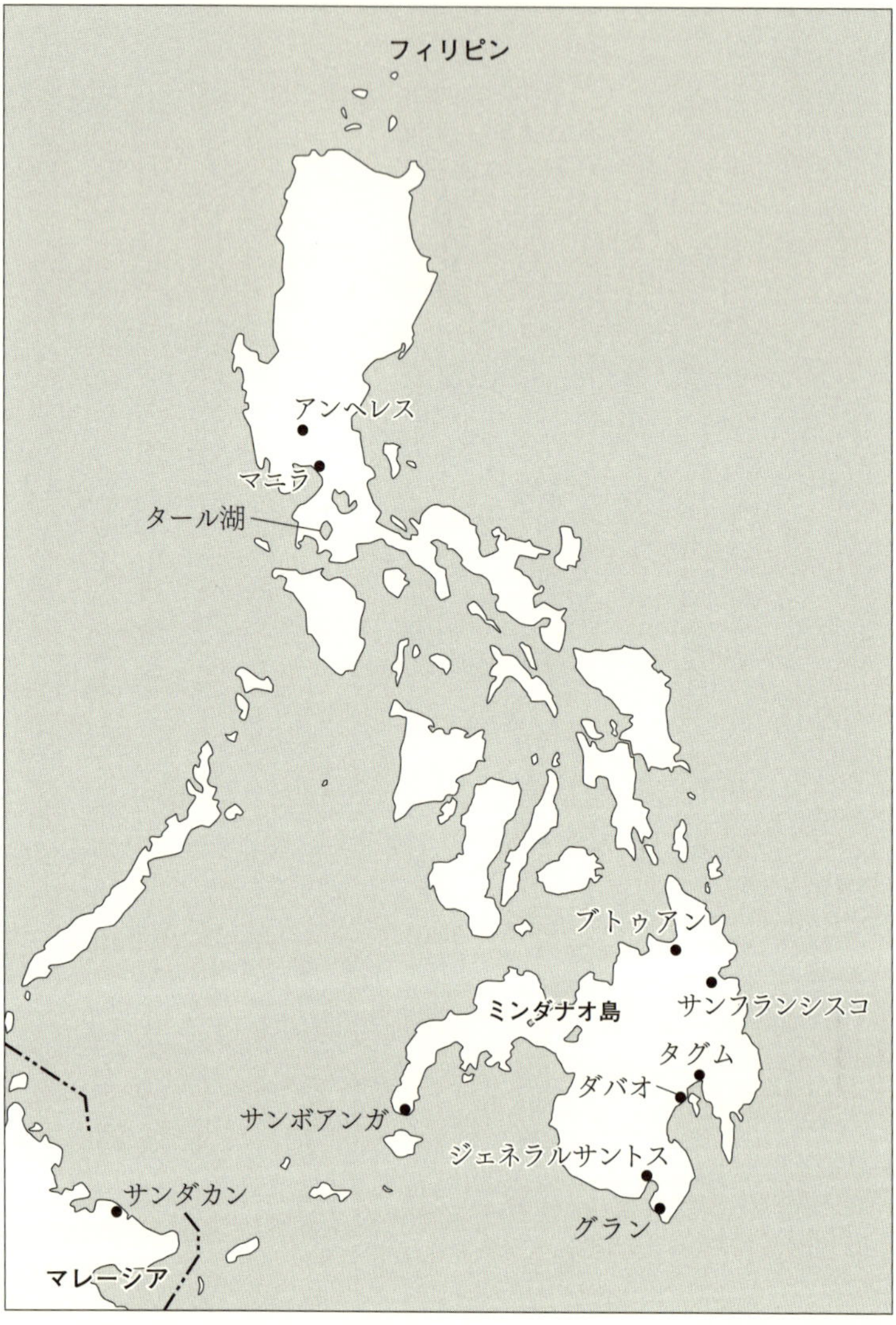
フィリピン
アンヘレス
マニラ
タール湖
ブトゥアン
サンフランシスコ
ミンダナオ島
タグム
ダバオ
サンボアンガ
ジェネラルサントス
グラン
サンダカン
マレーシア

1

1990年の10月に私の妻は胃ガンの手術をした。末期の段階で、いずれ転移することが予想された。その後2度の手術を経て、1999年2月に亡くなった。

このため私は、90年代を通じて、ブラジルに行ったときのように長期間の旅をすることはできなかった。

しかし、妻が元気なうちは、海外も含め、結構一緒に旅行した。1992年には、娘も一緒にベラウ（パラオ）に行った。これが娘の初めての海外旅行だった。同年、妻と二人でスペインのバスクにも行った。1994年には、沖縄の友人たちとのツアーの形で、妻と娘も一緒にベトナムに行った。1997年には、やはり3人でブラジルに行った。

このように家族で動いているうちに、私の旅も少しずつ変わってきたのではないだろうか。旅先で何をするのかも変わったし、動き方も変わった。

妻が亡くなった1999年の夏休みは、9月半ばまで海外に出る時間を全く作れなかった。9月下旬にごく短い期間ならば可能かもしれないという状況になって、行かないよりは行った方がいいに決まっているので、フィリピンと決めた。ミンダナオ島のダバオに行ってみたかったのである。そして、できればそこからマレーシアに行ければ最高だと考えていた。

しかし、日程的にマレーシアまで行くのはとても無理で、とにかくダバオまで行ってみるということに決めた。そして、那覇のＨＩＳで、9月28日に那覇からマニラに行き、マニラで1泊してから、29日にダバオに行って1泊後、30日はマニラに戻り、10月1日沖縄に帰る切符を買った。つまり、ダバオはたったの1泊である。担当の若い女性が作って渡してくれた日程表では、ダバオのところがドバイとなっていた。大丈夫、大丈夫と笑って訂正してくれたが、マニラから中近東に行ったりするんじゃないかと不安になった。

ところで、なぜフィリピンのダバオなのかということだが、私は当時「ボーダーレス」という概念に興味を持っていた。ボーダーレスというと、地球サイズの国際経済のことを思い浮かべるのが普通かもしれないが、私としては、例えば、国境越えみたいな形で人が動いている境目の現場に興味を持っていた。インターネットで検索していたら、旅行者の情報が得られ、実際、ミンダナオからマレーシアに船で行けることが分かった。サンボアンガというミンダナオ西部の町からマレーシアのサンダカンまで所要17時間だそうである。週1便のようである。

問題は治安である。ミンダナオ関係の本は探すと結構あるが、どの本にも治安の悪いことが書かれていた。それらによると、ミンダナオでは誘拐事件が多発しているのだそうである。モロ民族解放戦線（ＭＮＬＦ）というイスラム過激派とフィリピン政府との間では暫定停戦合意が結ばれているが、分離独立派の、モロ・イスラミック解放戦線（ＭＩＬＦ）は勢力を拡大し、重火器を大幅に増加しているそうだし、イスラム原理主義者たちはもっと過激なんだそうである。読んでいると生きた心地がしなくなる。

2

予定通り、9月28日（火曜日）に台北経由でマニラに行って、中心部のホテルに泊まった。当時マニラのLRT（Light Rail Transit：軽量高架鉄道）に興味を持っていたので、実際に乗ってみたり、ムービーで撮影したりした。

翌29日（水曜日）朝、ホテルで英語の新聞の差し入れがあり、読んでみたら、前日サンボアンガ郊外でMILFの攻撃があって、兵士5人を含む少なくとも16人が死亡し、20人以上が負傷したとある。やあれやれ。

午前11時発のフィリピン航空でダバオに12時40分頃到着した。空港から出て、タクシーに乗る。なぜか、ガイドだという男が一緒に乗ってきて、日本語が話せるという。日系人会で勉強したんだそうである。日系人だというのだが、肌が黒く、全然そのようには見えない。しかし、私は日系人会にも行きたかったのと、治安のことなども考えた結果、彼にガイドをお願いすることにした。

ダバオの町の第一印象は明るくてきれいなことだ。高い建物がないので、マニラのような、コンクリートの汚れた感じがない。そして、緑が豊かである。

ダバオは非常に広い町で、空港から中心部までもかなりかかった。

ガイドのAさんはまず、マンダヤホテルに案内してくれた。ここが施設がいい割に安いそうである。マンダヤというのは、ダバオ周辺に住んでいる民族の名前である。

それから、一緒にタクシーで魚を食べにいく。店は、川なのか海なのか、とにかく、そのへりにあって、向かい側にはモスクがあり、ムスリムが住んでいる場所が見える。魚は焼いて、酢醤油みたいなものをつけて食べる。それに白いご飯。魚は大きくて残したが、それはAさんの家族へのお土産になった模様である。400ペソちょっと。

店を出たところで、彼の手配で来た運転手つきのレンタカーに乗る。

まず、両替屋で50ドル両替。2000ペソちょっとになる。私は、この日は日系人会に行って、翌日距離のあるイーグルセンターに行きたいと思っていた。ところが、彼がまずイーグルセンターに行こうというので、同意する。走り始めてちょっとして、まだ町中で、彼の知り合いの若い女性も乗せた。

イーグルセンターは、市の西側のカリナン地区にある。フィリピンの最高峰アポ山（3144m）の山麓である。センターには、絶滅に瀕しているフィリピンワシがいて、人工孵化している。大野俊『観光コースでないフィリピン—歴史と現在・日本との関係史』（高文研・1997年）によれば、ワシが急激に姿を消したのは、ワシが好んで巣を作るラワンが広域に乱伐されたためである。ワシにとって日本企業は加害者側であり、日本政府は1993年1月、センターに2万ドルを寄付したのだそうである。

さらに近くのランの植物園にも行った。その後見晴らしのいい丘に出て休憩してから6時にホテルに戻る。これでガイド料金と車代あわせて2000ペソ。つまり50ドル。入場料とかは別払い。午後走っただけなのに、高い。だが、翌日はもう帰るので文句は言わないことにする。

別れて、テイクアウトの食べ物屋をさがして歩いていく。人通りは多く、にぎやかである。しかし、サリサリショップ（雑貨店）のような店がない。やっと食べ物をビニール袋に入れてくれる店が見つかった。おかずとご飯を買ってきてホテルで食べる。ビールはホテルの部屋の冷蔵庫にあったサンミゲルを飲んだ。

夜9時過ぎ電話があったので、ロビーに下りてみたら、Aさんとレンタカーの運転手がいた。レンタカーの運転手がどこかに行って、かわりに非常に若い女性二人が来て、Aさんはどちらかとどうかという。買春の誘いのようである。即座に断わった。Aさんがびっくりしたので、きいてみたら、普通は断らないというのである。そうかなあ。たしかにその女性は二人とも日本語が分かるようだったし、その後も記憶に残るぐらい美人ではあった。日系人が日系人女性にこういう仕事をさせているのか。気分が壊れてしまった。早くマニラに戻りたくなった。

30日（木曜日）、朝6時過ぎてから散歩に出る。朝から日差しは強いのであんまり歩けない。7時頃、ホテル近くの中華食堂で軽く食べ、ホテルに戻ると、Aさんと運転手がもうロビーに来ていた。

私は冷房で風邪を引いたようで喉が痛くて元気が出ないのと、Aさんは要するに私にお金をたくさん使わせたいようなのだが、私が興味のもてるものはないようなので、今日は日系人会に連れていってくれるだけでいいと言い、飛行機は午後5時25分の最終便を午後2時の便に変更したいと希望を述べた。

Aさんは、切符の予約変更が先で、早いほうがいいという。そして、予約変更に50ドル要るという。冗談じゃない。これは確実にぼっている。ガイドブックでは予約変更には50ペソぐらいと書かれていて、これは1ドルちょっとにすぎない。ただ、たくさん出すとあきれるぐらいに効果を発揮することがあるのはよく知っているので、まあいいか、と30ドルで折れた。Aさんは途中で車を停めて、どこか建物に入って、しばらくしてから出てきて、予約変更はうまく出来たという。そこがフィリピン航空の事務所とは思えなかったので、電話しただけではないか。

それからまた黙って走りだした。きいたら、ワニがたくさんいる公園に行くというのである。公園に入るとまずプールがみえた。それから奥にいくと馬がいた。洞穴があって、中はおばけ屋敷みたいになっているが、そこに小野田さんの人形もあった。これだけ。ワニさえいない。入口に戻って、コーラを飲む。

ところがAさんも機嫌が悪い。彼は、私は何もしないじゃないかと非難しはじめた。

「女ノー、カラオケノー、プールノー、ゴルフノー、お酒ノー、射撃ノー、馬ノー」とまくし立てる。

「楽しみ方が違うんだよ」

と私は言って、昨日撮っていたムービーを再生して、彼と運転手に見せた。それを、特に運転手は非常に熱心にみていた。私が「何もしていない」のではないことは分かったようである。

9時半ごろに、じゃそろそろ日系人会に行こうということになって出発する。10時過ぎに日系人会だというところに着く。ところが、私は見なかったのだが、看板に、月、火、水がオープンとあって、木曜日は閉まっているとAさんは言うのである。そして、停まりもしないで走り続けるので、どこにいくのかときくと、空港というのである。

冗談じゃない。そもそも、日系人会のことも知っているというのでガイドを頼む気になったのである。いくら何でもこの時間から空港はないだろう。

私は腹が立ち、

「日系人会のことを知っていると言ったじゃないか。全然仕事らしい仕事をやってないじゃないか」

女なら黙っていても連れてくるのに、全く。

「閉まっているといっても、中に人はいるかもしれないから電話してみてくれ」

と私は言って、本で探した電話番号を教えると、Aさんは電話はかけないで、Uターンするよう運転手に言った。車はやがて日本語で書かれた看板のところでとまった。クリニックのようである。

クリニックの右横の建物には人がたくさんいて、そこが日系人会の事務所のようだった。

そこにいたおじさんが、どうぞどうぞと中に招き入れてくれた。

「開いているんですか」

「開いていますよ」

田中吉次さんだった。大正15年生まれだそうだ。

私の名刺を見ると、彼はすぐに妹の田中愛子さんに電話して、来るようにと伝えた。彼女の方がずっとよく知っているから、という。また、沖縄の人もいるよ、といって隣のクリニックに連れていってくれて、そこにいたクワエさんという女性に会わせてくれた。

二人の話を聞いているうちに愛子さんも来て、彼女の話を聞いた。

愛子さんは昭和6年生まれだそうである。例えばブラジルなどで移民の方の話を聞いたりすると、どんなに日本との連絡が緊密な人でもやっぱり移民だなと感じさせるものを持っているのが普通だが、彼女の場合、そういうのをほとんど感じなかった。「化石化」していないのである。日本との往来は想像以上に頻繁なのかもしれない。

私は愛子さんに、沖縄出身の二世関係のことで可能なら資料収集に協力することを約束した。

12時10分前まで夢中で話をきいてから、

「また来ますから」

と言って、空港に向けて出発した。

約束した報酬を払ってしまおうと車の中でAさんに出すと、運転手に、という。運転手に渡すと黙って受け取った。Aさんは、感情的になっていて、

「もうけるのは中国人と日本人ばかり。自分は子どもが病気で危ないのにペニシリンも打ってやれない」

とわめいた。子どもが病気だとは前日から言っていた。空っぽの財布を見せて、

「何とか助けて下さいよ」

今朝、奥さんが私のためにおみやげのドリアンとマンゴーを包んでいるとか言っていたので、また払わされてはたまらないので固くお断りしたのだが、その後子どもの様態が悪化したようで、それどころじゃなくなったみたいである。

ちょっと間をおいて、

「貸して下さい」

と来た。こういう状態で「貸して」は「くれ」と同じである。いくら、ときくと、1000ペソと。ドルにすると25ドルだが、30ドルと要求してきて、私はこれで切れるならいいと思いOKした。私は愛子さんに会えて満足していた。

田中さん兄妹のことはAさんは知っていると言うし、実際そういう感じだったので、推測するに、彼は日系人とか日系社会が嫌いなのである。嫌われてもいるのかもしれない。それで、私をそこに連れていきたくなかったのだと思われる。だから前日は、まず日系人会から行きたいとい

うのを無視してイーグルセンターに行ったのではないか。この日も田中さんに会えるのは知っていて、でも会いたくなかったのではないか。

午後2時の便でマニラに向かい、翌日沖縄に帰った。愛子さんに「また来ます」と言わなければ、ダバオにはもう行かなかったかもしれない。

3

その後いろいろないきさつがあり、ダバオに住むことになった。今考えても不思議な偶然が味方をしてくれた。

2000年3月に、鈴木賢士『フィリピン残留日系人』（草の根出版会・1997年）という写真集を読んで、日本フィリピンボランティア協会（JPVA）に入会する決意ができたので、FAXでその手続をした。

同月27日、田中愛子さんの話に出てきた玉城勘正さんのカラオケハウス「にわとり小屋」に行った。那覇の家から自転車ですぐだ。私は、玉城さんというのは旅行者と思っていたのだが、愛子さんと一緒にカリナン小学校で学んだ仲間だそうで、昭和8年生まれだそうである。玉城さんは、愛子、愛子と呼び捨てにしていた。いきなり行ったのに、2時間ぐらいも話してくれた。日本への引き揚げの際の苦労話などをきいた。

同月29日（水曜日）、沖縄から台北経由で香港に行った。翌30日（木曜日）、香港からマニラ経由でダバオに着いた。香港経由になったのは台北―マニラ間が満席だったからだったと思う。

ダバオに着いてから、空港にあるエアフィリピンの窓口で、4月1日サンボアンガに向かい、翌日マニラに向かう切符を買った。料金は3976ペソ。100ドルにならないので安い。

ダバオでは、今回もマンダヤホテルに滞在した。

31日（金曜日）朝食後、タクシーで、この前行ったトリルに向かう。30分ぐらいかかるのだが、タクシー代は99ペソだった。250円ほど。初乗りは20ペソから。

日系人会事務所には吉次さんがいた。調布から来て、ここでコミュニケーションの勉強をしている鈴木樹生《みきなり》さんという青年がいた。日本の高校を出ていきなり来たようである。すごいねえ。コミュニケーションというのも主に、ここで話されているビサヤ語の勉強のようである。ちょうどこの日、彼はアテネオ・デ・ダバオ大学に合格した。

愛子さんが来る様子がないので、吉次さんにきいたら、ラナンの日系人会に行きなさいと言われた。それで、またタクシーで行く。着いたところが、もともと最初来たときに行こうと思っていた日系人会だった。

ここにフィリピン日系人会初代会長の萩尾行利さんがいた。萩尾さんのことは、大野俊『ハポン』（第三書館・1991年）などを読んで知っていた。予想していたのとは違って非常にソフトな人だった。用件に的確な返事をくれて、かつ親切で温かかった。用件というのは、サンボアンガの日系人のガイドを紹介してもらいたかったのである。萩尾さんが言うには、日系人の家には電話がないので連絡が取れない、それよりはホテルで世話してもらうのがいい、とのことで、そうすることにする。

萩尾さんはこのちょっと後に急死されたので、会えたのは非常に運がよかった。

それから、話をするうちに、なんと現在ちょうど、JPVA会長の網代正孝氏がダバオに来ているということも分かった。網代氏は調布市にある浄土真宗本願寺派の寺の住職である。日系人会の建物の隣にあるJPVAドーミトリーに行ってみると留守だったので、出直して、夕方会い、一緒に食べた。鈴木さんや他の若い人たちも一緒だった。

できれば大学を来年1年間休職してダバオに来たい、という気持ちを伝えることができた。網代氏と、東京ではなくダバオで会えたのも運を感じた。

翌4月1日（土曜日）、愛子さんが彼女の所有するジープニーで迎えに来てくれて、トリルの日系人会に行った。着くとすぐに愛子さんは日本語の授業をはじめた。教室からあふれるほど生徒が来ていた。日本語を学びたい人がこんなにいるんだな、と思った。

やがて、前日もいた若い女性がきた。香嶋愛さんといって、大阪出身で、ダバオからフェリーですぐのサマール島で2年間、孤児院のボランティアをしてきたそうだ。米国でも勉強したそうで、保育士である。

ちょうど東京からのお客さんのために昼食会があって、私も一緒にいただいてから、タクシーで空港にいき、サンボアンガに向かった。

飛行機の中から見た風景が今も記憶に焼きついている。緑の風景が広がっているのだが、森林がない。木を切り尽くしたあとの草原ばかりなのである。いったん木を切ってしまうと、熱帯では自然には再生できないということがよく分かった。

1時間足らずでサンボアンガについて、ホテルのワゴンでランタカホテルにチェックインした。ここではスペイン語の方が自然なのか、「イエス」というところを運転手のお兄さんは「シー」と言っていた。実際、英語よりスペイン語がよく通じた。

着いてすぐに、ホテル内にある旅行社のデスクにいく。旅行社では日本語のガイドは扱わないから直接ジャパニーズ協会に電話した方がいいと言われ、電話してくれたらつながった。私がかわると、日本語で話がまとまった。

2日（日曜日）、8時前にロビーにおりて、ガイドを待つ。ガイドは女性で、運転手つきの古い乗用車でやってきた。日本語がしゃべれるということだったのにしゃべれなかったので、スペイン語で会話をした。

まず、ガイドさんの親族だか友人だかが住んでいるところに案内された。四世代家族が住んでいた。若奥さんの夫は日本に働きに行っているそうである。それから、なんとつり橋を渡っていって、川で女たちが洗濯しているところに連れていかれた。そこで男たちが子守していた。それを見せたかったらしいのだ。誰にもこんなガイドをしているのだろうか？　この近くに日本軍の戦没者の記念碑が建てられていた。

途中でムービーのテープがなくなり、新しいテープを持ってくるのを忘れたので、町の中をいろいろまわりながらホテルに戻ってくる。チェックアウトをすませてから、また出発して、まず3人で昼食。3皿の料理と、ご飯。ソーキがあった。食事代は私が払った。

食後、タルクサンガイというムスリムの水上集落にいく。ちょうどえらいお客さんを前に踊りの会が開かれていて、私は三つほど踊りを撮影できた。どじょうすくいの安来節にそっくりだった。

戻る途中で運転手さんの家に寄り、そこで、運転手さんとガイドさんにガイド代を払った。運転手さんが言うには、運転手に1500、ガイドに500ということなのだが、運転手と比べてガイド料が少なすぎると思った。それで、ガイドさんには1000ペソ出した。とても喜ばれたようである。最後にピラール砦というのを見てから空港で別れた。

夕方マニラに着いた。翌3日（月曜日）、マニラから香港に飛び、すぐに出発する成田行きの切符を空港で買って乗り、夜着いた。

4

6月9日（金曜日）、学部教授会で、私が翌年4月から1年間ダバオで学外研究することが承認された。

真っ先に考えたのはビザを取ることである。85年にブラジルに行ったときは旅行ビザだったので、延長したり、更新のために出入りしなければならなかった。

今回は、無制限に滞在できるビザの取得を考えて、50歳以上なら申請可能な退職者ビザ（PRAビザ）に落ち着いた。退職者ビザといっても、働いていても全然かまわない。

上京中の8月10日（木曜日）、渋谷近くのフィリピン大使館に行ったら、六本木に引っ越していた。最初ビザセクションに行ったら、観光省だといわれて、反対側の入り口から入っていく。PRAビザの申請用紙のほかに手続き代行業者のパンフレットをくれて、ここに行けば日本で、PRA指定銀行に支払えるという。

それで、目黒にあるフォレスト・カンパニーという代行業者の事務所を探していった。PRAビザ専門という塚田庄乃進氏が応対してくれて、全部お願いすることに決めた。手数料は25万円である。

まず指定されたフィリピンの銀行に5万ドル預金することが必要であるが、フィリピンナショナルバンク東京支店経由で、指定されたマニラのバンク・オブ・コマースに送金できるそうである。

その後マニラでは、9月4日と、ビザがもらえる同月15日の前日に、この会社関係の場所でホームステイすればいいそうである。それ以外は、パスポートのコピーをもっていれば、フィリピン国内を動けるという。

同月14日に、私は琉球銀行東京支店に行って、手数料なども含めて、しめて566万円あまりをフィリピンナショナルバンク東京支店に振り込んだ。これで事前の準備はすんだ。随分お金持ちと思われるかもしれないが、亡くなった妻の退職金や預金等があったおかげである。

マニラでの日程が決まったので、これをはさんで、ダバオで二つ予定を入れた。

9月4日にマニラに行く前にまずダバオに行って、名護で共同事務所をやっている税理士の島清さんと一緒にJPVAのスタディツアーに参加することにした。

また、マニラでのビザ申請手続きが終わってからもう一度ダバオに行って、JPVAでボランティア体験をすることになっていた沖縄大学の学生たちに会うことにした。そして、その後マニラでビザを受領してから東京に戻るという予定を組んだ。

島さんとは、8月28日（月曜日）東京の新宿駅で落ち合い、この夜は成田に泊まった。29日（火曜日）の夕方ダバオに着いて、9月4日までJPVAのドーミトリーに泊まった。スタディツアーに参加して、JPVAがダバオで関係している現地の組織がどういうものかだいたいつかめた。環境関係ではカリナンにある熱帯林学習センター（CASEDO）、地域医療と福祉関係についてはトリルのCMUというこの前行った医療NGO、それから、サマール島の孤児院。

私は、翌年から住むアパート探しの方に気持ちが行っていて、日系人会の日本語教師の鈴木芳則さんや、愛さんなどから事情をきいた。鈴木さんは月3000ペソ（約7500円）のアパート住まいだそうである。皆さん私のために心配してくださるようなので、アパート探し代として1000ドルほど置いていくことにした。

4日（月曜日）、朝の便でダバオからマニラに出た。村井アイサさんが出迎えてくれた。まず、すでにPRAビザを取得していて、預金の利息を受け取りにいくらしい男性とその奥さん（フィリピン人）を途中で乗せてから、バンク・オブ・コマースに行く。ここで私名義の預金ができた。待っている間、同行の男性と話した。彼は日本で5万ドル支払ったときは半信半疑だったという。こちらに来て、手続きをしてから初めて、でたらめじゃなかったと納得がいったそうである。

彼は、こちらでは仕事をしていないそうで、犬を飛行機で連れてきたそうだ。奥さんは妊娠7ヶ月。そういえば、アイサさんも、なんと9月中旬出産の予定だそうだ。ゲッ、私のビザができる頃じゃないか。

その後、シティバンクの入っている34階建てビルの29階にあるPRAの事務所で手続きを開始する。

次に日本人会の病院に行く。マニラは昨日大雨が降ったそうで、交通にも支障がでていてレントゲン技師が欠勤だそうで、この日は問診だけ。大きな病気はしていませんかときかれ、あと、血圧を測って終わり。

それから、警察に行って、無犯罪証明書の作成。手続きは実に煩雑だったが、まったくつまずかずに終わった。やっぱりプロの代行業者を通すと違う。その後もしばしば感じたことだが、何か手続をする場合に現地の事情が分かっている人を間に立てるとスピードが全然違う。フィリピンはそういう社会なのである。

このあと、アイサさん宅に行く。福岡からのお客さんが泊まっていた。セブでダイビングをしていたそうである。夫婦と19歳の娘さんの3人連れで、娘さんも含めて家族全員がPRAビザを取得手続中だという。その間、時間つぶしにゼブに行ったのである。

翌5日（火曜日）は塚田氏も来ていて、アイサさんも一緒に日本人会の病院に行って、レントゲン撮影をした。その後PRA会費というのを前日のところとは別の部署で払った。

このあと塚田氏と別れて一人になり、LRTのいろいろな線に実際に乗ってみてから、タクシーでアイサさん宅に戻った。

アイサさん宅はパラニャケという区域にある、いわゆるゲーティッドコミュニティ内にあり、検問所を通り抜けてから中に入る。ここには日本人もたくさん住んでいるそうである。マニラ都心部との間は、ジープニー（フィリピンの乗り合いタクシー）がひんぱんに走っているので、それを利用すれば20～30分で着く。

アイサさん宅には10日まで滞在した。この間、レンタカーで2回出かけた。

7日（木曜日）は、ピナツボ火山の灰で埋まったところを見にいった。それから、クラーク基地が貨物輸送のため転用されて使われているのを見て、あと、アンヘレスでカジノに行った。アイサさんの夫の村井さんは建設関係の仕事だが、一緒に働いている鹿児島出身の青松さんが運転してくれた。この日、私のPRAビザ申請が受理された。

8日（金曜日）は、南部のタール火山を見にいき、カルデラ湖のまわりをぐるっと走った。やはり村井さんと働いている広島出身の高橋さんが運転してくれた。湖の東側にあるリパというところには日本の工場団地があって、ホテルもあり、その建設に高橋さんたちは関係しているそうだ。そこの日本食堂で天ぷらそばを食べた。日本の週刊誌も置いてあるし、日経新聞もある。

10日（日曜日）にダバオに戻り、インペリアルホテルにチェックインした。1泊が400ペソ（約1000円）。部屋はコンパクトだが、清潔で、クーラーもついているし、ケーブルテレビでNHKもみれる。

この日は日曜日で、たいていの店は閉まっていたが、近くに大きなショッピングセンターがあり、そこで買い物と食事をした。開放感を感じた。

11日（月曜日）は、日系人会で知り合いになった人の日本語の授業を見学した。芝田裕子さんは昼間ミンダナオ大学（私立）とサウスイースタン大学（国立）で授業をし、鈴木芳則さんは夜、日系人会で授業をした。

12日（火曜日）の夕方、ボランティア体験の一行が到着した。沖縄大学からは学生が二人来た。翌日まで学生たちにつきあって動いた。

14日（木曜日）午後、再びマニラに出て、アイサさん宅に直行した。そして、翌15日（金曜日）

の午前中、ＰＲＡ事務所に行った。宣誓書に署名するだけで、ビザの記載された私のパスポートと、ＩＤカードを受領できた。この間10分ぐらいではないか。

その後、搭乗便変更のため青松さんが空港まで一緒に行ってくれた。キャンセル待ちの手続をすると13番で、これではとても無理だそうで、

「５００ほど出していいですか」

と青松さんは言って、国際線出発入り口前のポリスと交渉を始めた。最初、下っぱが相手だったが、ちょっと上と思われる人が出てきて、値段があがってきたみたいである。１６００となった時点で、航空会社側の分け前もあるので、その相談のために上と思われる人が建物の中に入った。この間に、青松さんは最初に話しかけた下っぱの一人に１００の札を渡した。その時、その下っぱの人は緊張した様子だった。やがて、中で相談がまとまった模様で、２０００ペソだそうである。５０００円ですね。パスポートとチケットを渡してからちょっとしてパスポートは戻ってきたが、ボーディングパスはなかなか出来ないので、先に戻ってご飯を食べ、荷物を持って戻ってくることになった。実にたいしたもんですね。

車の中で青松さんが言うには、警官も給料が安くて、それだけではやっていけないそうで、給料６５００ペソぐらい（約1万５０００円）とか。そういうことで、上の方も盗んだりとかでないかぎり黙認だそうである。拳銃を持ったポリスの場合、その拳銃代も半分しか公費で出ないので、あとは自分持ちだそうである。結局、国が貧しければ仕方ないってことか。

「なかなか面白いでしょう」
と青松さんは言う。実際面白かった。ゲーム感覚だった。こういうことをすることに対して日本人の反応は半々だそうである。

青松さんが働いている事務所で兼業している食事の店で、私は天ざるそばを食べた。おいしい。食後、青松さんの奥さんの妹さんの店にいく。宅送と印刷をやっている。宅送の方は、某大手宅配会社なんかより30%も安いそうである。

空港に戻り、パスポートを示して私だけ中に入ると、航空会社の人が来て、パスポートを預かった。私のボーディングパスはすでに出来ていて、係員が、空港税支払のところまでついてきてくれて、あとは普通に中に入った。夢みたい。乗ってみると満員だった。日本人も日焼けして、フィリピン人と区別がつかない。成田に着いてからイミグレーションで並んで初めて、日本人の方がずっと多かったことが分かった。

5

ダバオではブックモービルみたいな活動ができればいいなと私は考えていた。亡くなった妻が那覇市立図書館の移動図書館で働いていた関係でいろいろ見聞してきたことから考えついた。

メールでやりとりするうちに、愛さんがこのアイデアに興味を示してくれて、協力してくれそうに思われた。

　年が明けて２００１年の正月に、挨拶のつもりで、網代氏のお寺の敷地内にあるＪＰＶＡの事務所に行った。ちょうど網代氏がいて、かなり長い時間話せた。そのとき、ＪＰＶＡでもブックモービルをやってみようと計画しているそうで、外務省の補助金がつきそうだということだった。時期も4月から実施の見込みだそうで、私のやりたいこととうまい具合に一致している。週3日ぐらいやる計画のようである。そこで、私も、車代を私も分担してもいいから一緒にやりたいと述べた。何かに導かれているみたいに感じた。

　ただ、ブックモービルをやるにも、ダバオには本は少ない。まず本を集めないとどうしようもない。そういうことで、1月下旬に、島さんと一緒に名護市国際交流会館の垣花郁夫館長に会いに行った。話しをしてみたらきわめて好意的で、米軍のキャンプコートニーで呼びかけて本を集めてくれるそうだ。

　実際に本が集まるまでは、紙芝居とか絵本の読み聞かせとかをやって、移動児童館みたいな活動をすればいいんじゃないかと考えた。幸い、妻が生前持っていた英語の絵本類がたくさん残っていて、とりあえずこれをダバオに持っていけばいいんじゃないかと思った。

　そして、2月に入って、ダバオで試験的にやってみることにした。ダバオでのボランティア体験にも参加した知花徳和君と、私のゼミにいた屋良朝秀君の二人が同行してくれることになった。二人とも読谷出身である。

2月15日(木曜日)、那覇から台北経由で夕方マニラに着いた。できるだけ絵本を持っていこうと思った結果、3人で合計59・8キロの荷物になった。

マニラでの入国審査で、私はPRAビザを初めて提示した。税関では疑われて、本を詰めた箱を開けるように言われたが、途中で納得したようでパスできた。空港にはアイサさんが車で迎えに来てくれて、アイサさん宅に泊まった。

翌16日(金曜日)の昼過ぎ、ダバオに着いた。JPVAコーディネーターの日笠哲二さんや鈴木芳則さんが出迎えてくれた。インペリアルホテルにチェックインする。

空港から市内に向かう途中で、鈴木さんが、彼が出たあと私が彼のアパートに入ることを承諾してくれた。

17日(土曜日)、昼間は鈴木さんや愛さんとサマール島に行って、子どもたちと遊んだ。

夕方、戻ってきて、鈴木さんの下宿に行った。場所はビクトリアという巨大なショッピングプラザから歩いていけるところにあり、どこに行くにも非常に便利な場所である。鈴木さんが借りているのは、母屋の隣に別に建てた2階建ての木造建物の2階部分全部で、3LDKでとても広い。窓はなく、木の横格子で、そのせいで薄暗い感じがしたが、私はかえってそういう感じが気に入った。

家主さん夫婦にも挨拶し、私が鈴木さんのあとに借りることがすんなり決まった。4月から6月までの家賃も払ってしまった。鈴木さんと同じ条件で、月3000ペソ(7500円)。これだけの広さでこの値段は安い。

ダバオに滞在中、移動児童館用にJPVAに入ったスズキの軽四輪駆動を使って試験的に活動をやってみた。

現地の担当はトリルの前述のCMU（Community Medical Union）という医療NGOであるが、本を読ませるということについてCMU内部で異論があり、無理だという消極論が強かった。そして、JPVAの日笠さんもそちらの意見に傾いていたのだが、私と会って話すうちに積極論に変わった。

続いて、20日（火曜日）に、田中愛子さんと一緒にトリルからそんなに遠くないバランガイ二つを訪問し、この日の午後4時と翌日午後4時にそれぞれ訪問して住民に説明することが決まった。バランガイというのはフィリピンの一番下層の自治体で、字《あざ》みたいなものである。

この日の夕方行ったのはドリアオというバランガイである。デイケアセンター（フィリピンでは幼児施設である）の隣にある野外集会所がバスケット場になっていて、そこで、知花君と屋良君はすぐにバスケットを始めた。私は集まってきた人々を撮影していたが、途中、デイケアセンター内でも話を聞いた。集会所でマイクを握って、バランガイリーダー、田中愛子さん、日笠さんの活動説明があり、あと知花君と屋良君が歌を歌ったりした。とにかくものすごい数の人が集まって、100人は優に越えていた。愉快な空気でもあった。だが、人数が多すぎて、本は取り合いになったそうだし、知花君たちが持っていったバスケットボールは盗まれたそうである。

21日（水曜日）は、午前中、ダバオの中央図書館に行った。大型車両のブックモービルも一台あって、1981年に日本政府から寄贈されたことを知った。

午後からCMUでミーティングがあり、CMU側は、愛子さん、クワエさん、女医さんが参加した。

「何のかんの言っても、外務省のお金で車をすでに買い、外務省宛の事業計画書に紙芝居屋的なことをすると書かれているのだからやるしかありません」

と私が言ったところで流れが決まったようである。

クワエさんが、じゃ自分がやってみるといい、あくまで反対意見の女医さんはふてくされた感じになり、田中さんは積極的に私の意見を支持してくれた。ミーティングは2時半に終わった。

この日の夕方行ったリパダスというバランガイでは、前座のあと、クワエさんが、ロシア民話の「大きなかぶ」の紙芝居をビサヤ語でやってくれた。子どもたちに語りかけながらやってくれて、とてもうまかった。クワエさん自身も上気した様子だった。

たしかに貧困集落とされているところでは子どもたちはお腹をすかせていて、まずはお腹を一杯にしてやらないと落ち着かないから、紙芝居をやるにしてもタイミングが重要である。こういう場所での活動では通常、おかゆを作って、まず子どもたちに食べてもらう。そちらの方が参加の主目的であるような貧しい集落もある。

だいたいこういうことで、今後の活動の見通しが立った。

ムービーで撮ったものをダビングする必要があり、ダビングが可能なDVDレコーダーを買った。ソニーの一番いいのが9999ペソ（200ドルちょっと）で、それにした。あと、紙芝居として利用できそうな絵本類を選ぶ作業をした。「スイミー」とか「与える木」などである。

25日（日曜日）、にダバオを発ち、マニラに1泊後沖縄に戻った。

3月の23日（金曜日）に上京し、翌24日（土曜日）、調布のJPVAに行って、理事会に出た。この後、4月からの移動児童館の運営費としてJPVAに50万円を現金で払った。

26日（月曜日）、台北経由でマニラに着いてアイサさん宅に行った。

翌27日（火曜日）エデンさんという女性とタクシーで出発して、バンク・オブ・コマースに行く。まず、6ヶ月分の預金の利息をもらう。8万9009ペソだった。続いてキャッシュカードを作る手続きをする。カードを使ってキャッシュコーナーで出し入れが出来る。また、利息は3ヶ月ごとにこの口座に振り込まれることとなる。3ヶ月で4万4500ペソということになる。1ヶ月で1万4800ペソほどになる。家賃が月3000ペソだから、なるほど利子で十分に暮らせるわけである。カードはダバオに送ってもらうことにした。

それからまっすぐ空港に送ってもらい、夕方ダバオに着いた。日笠さん、鈴木さん、愛さんが出迎えてくれた。鈴木さんの下宿に行って荷物を置き、家主さんから鍵を受け取ってから、ビクトリアの喫茶店で休む。このとき、助手としてお願いすることになった愛さんに1万ペソ（2万

５０００円）を4月分として渡した。

翌28日（水曜日）の朝、鈴木さんが離任し、日本に帰るのを飛行場で見送った。

この日は、愛さんと、彼女の彼氏である通称トトさんと一緒に買い物等をした。

まず午前中、ビクトリアの向かいのビルにあるモスコムという会社に行って、インターネットの設定をした。１ヶ月80時間で1年分払ったら2万ペソちょっとになった。設定は成功し、翌日パスワードを入れてもらえばいいようになった。

ちょっと中古のテレビ屋を見てからビクトリアに行って、３階で電気ポット、扇風機、蚊帳を買い、１階で冷蔵庫、テレビ、ガスレンジとプロパンガスタンクを買った。テレビは１万５８００ペソ。ビデオとの接続等を考えて、ソニーの21インチにした。非常にきれいにうつる。サンヨーのちょっと大きめの冷蔵庫が９６６０ペソ。ガスレンジは１４２０ペソ。ガスタンクは１９２５ペソ。電気ポットは２０００ちょっと。4.8リットル入りで大きい。これがあれば、飲み水を買う必要がない。扇風機は１０００ペソ台だった。白っぽいのはすぐに汚れるというので、紺色にした。蚊帳は１３０ぐらいで、実に安い。だって、電気蚊取りセットが、マットも入れて３００ぐらいだったから。車で配達してくれるというのでかなり待った。

これだけ支払いや買い物してもまだ、マニラで受け取った利息は残っていた。

これからケーブルテレビを入れるのに、大家さんの承諾があった方がいいと思い、トトさんに話してもらったらＯＫしてくれた。また、電話代は半々にしましょうと大家さんから言われた。

一緒に使っているのである。実はこちらが親電話で、これまでは鈴木さんが全額払っていたそうである。

5時半、ＪＰＶＡドーミトリーに行く。驚いたことに、日笠さんはこの3月でＪＰＶＡをやめるのだそうだ。表向きはフィリピン大学の大学院に復学するためだが、大学院は6月からで、実際は職場での人間関係がうまくいかなくなったことが原因のようである。引き継ぎの報告をするのに適当な人がいないということなので、私が引き受けた。幸い日笠さんは私を信頼してくれているようだったし、私としても、彼はフィリピンでさまざまな経験を持っているわけだから、彼と接していれば参考になることが多いだろうと思われたからである。

下宿に帰って、水浴びして、蚊帳をつったベッドに横になったらそのまま寝てしまった。こうしてダバオでの下宿生活が始まった。

6

29日（木曜日）、9時に起きてビクトリアに行ってみたらまだ閉まっているので、その前の食堂で食べた。ご飯、おかず、スープ、セブンアップで49ペソ。これが普通の食事代である。１００円ちょっとで食べられる。

この日ケーブルネットワークに加入した。ＮＨＫが入っている。1年分で５０６０ペソである。

大家さんのところでも一緒にみれるようにするということだったが、家の材質の問題で工事できなかった。私のところは全部木造なので簡単だった。

その他に、30日（金曜日）にマニラ新聞のネット版の申込みをし、31日（土曜日）には、私と愛さんの携帯を買った。2台で1万ペソあまり。4月に入っていったん東京に行く必要があり、その切符も買った。ホリーウィーク（キリストの受難の日の前）の関係で13日までマニラ―東京のエコノミーはないというので、やむを得ず6日のビジネスクラスで行くことにした。帰りも、成田発の便は満席で、関西から16日ということにした。

4月1日（日曜日）の午後アグダオ公設市場に初めて行った。歩いて30分ぐらいだろうか。日曜日だが、結構にぎやかだった。マグロのかたまり（40ペソ）、大きな貝コップ一杯（10ペソ）、マンゴー五つ（30ペソ）、ひげそり用の小さめの鏡（12ペソ）。何もかも安い。帰って、貝や魚を調理して食べた。

4日（水曜日）、日笠さん、愛さんと一緒にトリルに行って、田中愛子さん、クワエさん、それに担当に決まったイーピンさんと打ち合わせをした。移動児童館の具体的な実施計画がほぼ決まった。週2、3回、一日に2箇所ずつ全部で10箇所以上を回る形である。

6日（金曜日）に東京に行って、JPVA事務局で網代氏に報告したり、移動児童館活動用のけん玉とヨーヨーを買ったりしてから、15日（日曜日）は大阪の卒業生宅に泊まり、翌日、関西空港で日笠さんと落ち合って、一緒にダバオに戻った。

17日（火曜日）から移動児童館活動を始めた。午前中は、この前クワエさんが紙芝居をやってくれたリパダスだった。午後はバトルーサというバランガイ。貧困集落という感じはあんまりしなかった。子どもたちも元気で、リパダスよりもまとまりがよかった。大きな子どもたちは小さな子どもたちをみながら参加している。

一日置いて19日（木曜日）はタンバカンというバランガイ。イーピンさんのほかエンジェルさんが同行した。けん玉を持っていって子どもたちにやらせてみたら、一生懸命やってすごくうまくなる子もいた。午後はバリオク。非常に歌のうまい子がいて面白かった。

やりはじめてすぐに、自分の車を持たないとダメだと思った。それで、軽貨物タイプの車を買うことに決めた。JPVAが移動児童館用の車を買った店で買うことにした。値段は40万円近く。すでにできあがった車を買うのではなく、車の外枠だけをまず選び、内部は店の方で部品を寄せ集めて組み立てるのである。車の外枠は日本車がいくつかあって、その中からスズキの軽を選んだ。こういうふうに日本の車が再利用されている。組み立てが終わって実際に乗れるようになったのは6月に入ってからだった。ちゃんと動くのか心配だったが、運よく故障はあまりしなかった。

フィリピンでは4月と5月が夏休みで、学校はない。だから平日に移動児童館を行っていた。紙芝居の内容も広がってきて、5月1日には愛さんが作ってくれた「野菜のおばけ」をやった。食べ残した野菜がおばけになって出る話である。野菜嫌いの子はここでも多い。内容はCMUが考えていた健康教育とか栄養教育の線に沿っている。

それから、この日初めて工作をした。名札作りである。材料は、4月30日に買いにいった。みんな熱心だった。夢中になって作っている子をみて、なかなか面白い活動が出来ていると思った。CMU側の職員として、イーピンさんのほかにジョアネスさんという人が予定されていた。この人は東京に研修で行っていた。ところが、彼女は帰国直前に成田空港で失踪してしまったのである。そういうことで、トトさんにパートでお願いすることになった。

週末を利用して、4月末から5月上旬にかけて、2回旅行をした。

まず4月26日（木曜日）、AVISでレンタカーを借りた。トトさんが運転するということだったが、まったくの初心者で、坂道発進も出来ない。しかし、日笠さんが助手席に座ってあれこれ指示するうちにまあ何とか走れるようになってきた。

北に向かい、7時過ぎて真っ暗になってから、南アグサン州サンフランシスコにあるトトさんの実家に着いた。ご飯は炊いてくれて、途中で買って持っていた魚等をおかずにして夕食後、すぐに寝た。

27日（金曜日）は朝から雨である。トトさんの実家は幹線道路から折れて相当中に入っていくのだが、雨が続くと冠水してしまう。トトさんの妹さんも一緒に朝8時前に出発して北に向かい、午後1時過ぎにミンダナオ島北岸のブトゥアンに着いてホテルを決めた。トトさんも妹さんもホテルに泊まったのは初めてだということだった。トトさんは、愛さん、妹さんと同じ部屋に入った。それがおかしかった。日笠さんと私とではゆっくりくつろげないんでしょう。海岸沿いにドライブしてきてから、ホテル内で夕食を食べた。

28日（土曜日）、朝8時半頃、ホテルの近くで食べてから、9時過ぎに出発。トトさんの実家を目指して戻っていく。最初の1時間ぐらいは雨が降っていなくてはかどったが、やがて雨になる。12時過ぎにサンフランシスコの町に着き、昼食。それからトトさんの実家近くまで行ったところでトトさんの両親と会い、そこでトトさんの妹さんはおり、ダバオに向かう。途中泊まれるところがあれば泊まるということだったが、愛さん、日笠さんが考えていたところを通り過ぎてしまい、そのまま7時半頃には愛さん宅に着いた。

この1週間後、5月4日（金曜日）から1泊で、グランという町に行った。

ダバオから100キロぐらい南に行くとジェネラルサントスという町がある。ジェネラルサントスはサランガン湾の奥に位置している。湾を時計回りに南下して行くと湾口あたりにグランという港町があった。この辺りはイスラム教徒が非常に多い。1泊後、町から南に10キロ行ったところに住んでいるタナオさんという二世を訪ねた。タナオさんはジェネラルサントス周辺の日系人会会長だった。タナオさん自身は戸籍もあり、日本国籍をとろうと思えばとれるが、外国人は土地所有権を取得できないのでフィリピン国籍を選んでいるそうだった。息子たちは千葉とか、日本に出稼ぎに行って、そのお金で、立派な家も建てられたという。農地は20ヘクタール以上あるというからゆうゆうの生活ではないか。ココナツや米を作っていた。

7

5月9日（水曜日）に私は東京に行って、12日（土曜日）から24日（木曜日）まで、図書館計画コンサルタントの西川馨さんが企画した英国の図書館見学ツアーに参加した。その後このツアーのことをたえず頭に置きながらダバオで活動することとなったので、少し長くなるが記しておきたい。

このツアーには当初沖縄から久茂地文庫の喜納勝代さんが参加の予定であったところ、事情があって動けなくなり、かわりに私が行ってくれと頼まれたのである。代金は10日に大急ぎで振り込み、どういうことが行われるのかもよく分からないままに出発した。服装も、5月の英国がどういう気候なのかよく分からず、ダバオ感覚だったたし、背広やネクタイも持たなかった。だから、ロンドンに向かう飛行機内で初めて西川さんと話しをしたのだが、一体何者なのか、と思われたようだった。

旅行が始まってからレポート担当の割り当てが示された。このレポートというのがどういう目的のためなのか知らないままに旅行していたのだが、旅も後半になってから、本づくりのためということが分かった。同じような旅はこれまで何度も行われてきて、前年はカナダを旅行して『カナダの図書館』（日本図書館協会・2000年）という本が出版されたそうで、これと同じような本を作る計画だということだった。たまげてしまった。

旅行中、他の皆さんは熱心にメモを取っていた。しかし、私はムービー撮影に専念することにした。私の耳ではどうしても聞き落としが出るので、メモを取るより、声の入った記録を作った方がいい。メモは、旅行中同室だった大阪府立中央図書館の谷山和央氏があとでまとめて快くコピーさせてくれた。結果的に、私は90分のテープを10本作成した。

このツアーは、通訳の片山睦美さんも含めて18名の参加者のうち、建築関係者が3分の1、図書館関係者が3分の1だったが、図書館関係者のうち公共図書館勤務の人は2名だけで、あとは文庫関係の人で、場所は北海道から九州まで全国に及び、すべて女性だった。

ロンドンを拠点に五つの図書館を視察したあと、ヨーク、グラスゴーを経てエジンバラまで行って、合計10個の図書館を視察した。

このうち、ロンドンで、ペッカム、クロイドン、バービカンという三つの図書館を視察して、図書館というのは立地している地域のあり方と無関係には論じられないことをあらためて確認できた。

ペッカム図書館は、ロンドンでは貧困な地域に立地している。失業者が多く、また、実際に見た感じでも非白人の利用者が多い。その結果、例えば、アフリカ・カリブの資料室があったり、失業者や技術のない人のためのためにコンピュータを教えたりするラーニングセンターが一緒になっていたりする。子どもの遊戯室もあった。

これに対して、バービカン図書館はロンドンの中心部再開発地にある。利用者は半分が通勤者で、その60％が男性ビジネスマンで、白人が多いという。ここでは、アートギャラリーがあったり、音楽CDがたくさんあったりで、一言でいえば遊びの場所である。全体に豪華な感じがした。CDの貸し出しは、レンタルショップよりは安いが、有料である。

クロイドン図書館はロンドン郊外にある。図書館としては、ここが一番普通の地域図書館という感じで、市民のさまざまな要望に応えていることがうかがわれ、地域情報も得られる。ただ、郊外といっても歴史があって、図書館自体が教会の建物の中を改造したものなのである。

このように、立地している地域の事情は異なるが、いずれも特徴のある建物で、お金も十分かけているのが強く印象に残った。

ロンドンの地域図書館では、住民がボランティア的な形で入り込んで、何かやっているというようなことはないようである。デモクラシーの先進国なので、もっと生き生きした住民の活動が見られるのではないかと漠然と想像していたので、これは意外だったし、文庫関係者にも同じような感想を述べた人がいた。

英国の図書館にトップダウンの感じを持った人がいたというのも、訪問図書館10館のうち3館が国立図書館であった、ということも影響しているだろう。

大英図書館は複雑な統廃合を繰り返して、今日三つの場所にまとめられている。われわれが視察したのは、1997年に開館したロンドンのセント・パンクラスにある新館と、ヨークシャー州ボストン・スパにある文献提供センター（BLDSC）の2館である。このほかに新聞図書館がある。

国立図書館としては、これ以外に、エジンバラのスコットランド国立図書館とウェールズ国立図書館があり、われわれは前者を視察した。

セント・パンクラスの大英図書館は、まだ計画の3分の2まで出来たところだそうで、建築期間が長くなることを英国人は誇りに思っていると説明の人は言っていた。図書館の隣が駅なので、駅舎と調和するようなデザインになっている。

納本制度によって、英国内のすべての本が収納されるので、その規模については言うまでもなかろう。なんと1300万冊もの本があるということだった。システムは完全に自動化され、機械による集配が行われている。文献が、非常に効率的に、きちんと管理されている印象が強い。

セント・パンクラスの大英図書館がレファレンス専門であるのに対して、BLDSCは貸し出しが中心である。といっても、この図書館はまわりには何の建物もない農村地帯にあって、郵送によって貸出需要に迅速かつ確実に応えるため、1961年に設立された。もともと兵器庫だったそうで、現在も、複写サービス等の作業は図書館というより工場そのものである。約1000人ぐらいがここで働いているそうで、女性が多かった。

蔵書は、とりわけ科学技術文献が充実している。インターネットでリクエストできるので、全世界から注文がある。特に日本からの注文が多いそうである。案内してもらっているうちに、情報帝国主義という言葉が知らず知らずのうちに浮かんだ。考古学資料や美術品が先進国に持ち去られることについて批判がなされているが、情報についても同じようなことが起きているのではないか。

周知のように、1997年9月11日の投票で、スコットランドは再び自らの議会を持つことになった。スコットランドに入ったら至る所でスコットランド旗を見かけた。分権化というより、本当に独立国になったかのような錯覚を起こしかねない状態だった。だから、スコットランド国立図書館も、同じ国立図書館であっても、大英図書館とは相当違うのではないかと予想していた。

この図書館は保存図書館で、貸し出しはない。古い文献が多いので、それがなくならないよう、特に火災に対していかに万全の体制をとっているかということが中心的な説明内容だった。

利用者も、大学関係者だけで半分近くに達し、調査研究のために利用されることが多い。そのため、大学図書館との関連も密接である。

このツアーで、シェフィールドハラム大学のラーニングセンターを視察した。この大学は学生数2万3000人、スタッフ2800人、11学部からなる国立大学である。

ラーニングセンターというのは、図書館機能を含んでいるが、それだけでなく、利用者にコンピュータを提供し、情報を作ったり、発信したりすることまで教える。テレビスタジオも設けられている。簡単にいえば、情報という言葉をキーワードに、図書館の中にITを最大限持ち込んだものといえよう。ライブラリアンももはやライブラリアンとは呼ばれておらず、他の専門を何か持っていることが必要である。

このセンターは24時間開館していて、半分以上の学生が毎日ここを訪れるそうで、利用率は極めて高い。実際にコンピュータを使って作品を制作中のところを見学させてもらったが、そのまま売り物になりそうなほどで、レベルは高い。

このようなセンター設置の背景として、大学の財政緊縮のためもあって、自己学習を進めることとか、あるいは生涯学習の流れとかが説明者から挙げられた。日本の大学でも同様の動きは進んでいるが、日本の場合、大学が基本的に遊び場所になってしまっているのと比較すると、こちらでは、モチベーションの点で非常に楽だろうという感じがした。いい意味でプラクティカルである。

公共図書館が大学と同じような方向に行っていいのかは、かなり問題があろう。確かに、コンピュータを増やすだけだと活字離れを推進するだけではないかという疑問もある。情報格差をますます大きくするのではないかという議論もある。だが、例えば私が当時住んでいたダバオでもインターネットカフェは数え切れないほどあったし、外国の、名前も知らない小さな町からEメールが届くことも増えた。図書館として、何らかの前向きの対応は絶対に必要だろうと思われた。

日本では生涯学習というと生きがい論に近い内容のものが多い。英国では回想法という活動が行われていると同行者からきいたので、日本でも紹介されている現場に数名の人と一緒に直接行ってみてきた。

この活動は、写真等の資料を示してきっかけを与えながら、お年寄りに昔のことを思い出してもらうのである。昔話をすれば老人は生き生きした表情を取り戻す。現場に飾られている写真は、戦争中のものが多かった。

実際に訪ねていったところでは、この活動がなぜ図書館と関連しているのかと逆にきかれたが、文献では、アウトリーチサービスの一つとして移動図書館が巡回している例があるらしい。しかし、こういうことをやるのに公共図書館がふさわしい機関かどうかは、ちょっと疑わしい点もあるように思われる。

また、ブックスタートといって、子どもが生まれると幼児向けの絵本や、赤ちゃんと絵本を読む際のアドヴァイス集、ブックガイド等をセットにした袋を配布する運動もあり、これは多くの地域図書館で実施されているようだった。

これらの諸例を見聞するたびに、一人一人が大切にされているなあと痛感した。自己決定権という硬いイメージではなく、もっとソフトな意味で、個人個人が配慮されている。そして、本もたくさんあるという前提で活動がなされている。

ダバオで本を見たこともない子どもたちと接しながら、こんなにも違うのかと大きな落差を感じた。

8

英国の図書館見学ツアーから帰って、5月28日に沖縄に行った。6月1日（金曜日）に島さんも一緒に名護の国際交流会館に垣花さんを訪ね、さらに北中城にあるフィリピン領事館を訪ねた。大変好意的で、ダバオに送る本はすでに集まり始めていた。

3日（日曜日）に関西に出て、翌4日（月曜日）の夕方ダバオに戻った。

6月に入ってから、移動児童館活動は原則として土・日だけになり、平日は学校に通っていない子どもの多い地域に行って、定期的な活動ができそうな場所を探していた。しかし、そういうところは山間部とかへき地が典型的で、定期的に通うのは無理と思われるところが多かった。

6月6日（水曜日）に北ダバオ州の貧困集落に片道3時間かけて行った。紹介者のプロテスタントの牧師が一緒についていってくれた。着いてみると、子どもたちはすぐに近寄ってきたが、大人たちはものすごく警戒しているようで、家の窓からわれわれをのぞき見ているのだった。帰る途中で一緒に行ったイーピンさんたちに話をきいたら、新人民軍が出没する地域だそうで危ないといい、実際そんな空気だった。新人民軍というのはフィリピン共産党の軍事部門でミンダナオ島では主に東部でゲリラ活動を継続してきている。

6月20日（金曜日）、CMUの無料検診地点になっている関係から、ハウス・オブ・ジョイという孤児院に行った。ここにちょうど子ども図書館ができたところだった。8角形の形のお堂みたいな建物で、建物の中に入ると、真ん中をあけて、周囲に本を置いてあった。英語の本のほか、タガログ語の本も相当あった。運営の中心になっている松居友さんがいて、直接話を聞くことができた。たんに読ませるだけでなく、たとえば自分で作品を作ったりするようなことまでやるらしい。規模壮大な話にとにかく仰天して、夢中でムービーに記録した。松居さんのお父さんは、元福音館書店社長の松居直氏で、直氏がこの図書館を寄贈されたということだった。また、英語の本を5箱、今ニュージーランドから送っているということだった。

7月21日（土曜日）、カリナンにある熱帯林学習センター（CASEDO）で運営者のオベンザさんと面談し、毎週火曜日にカリナンの近くのラクソンで一緒に活動することが内定した。ここでの活動はすぐに始まった。

7月31日（火曜日）には、海外協力隊の女性の紹介で、カリナンからさらに奥にいった、マリログにあるウピアン（Upian）という谷底にある村にも行った。ここには、馬に乗って山道をおりていった。距離的に遠いだけでなく、治安の問題があり、移動児童館事業の一環として定期的に通うのは無理だと思ったが、44人もの希望者があり、断れなかった。子どもも大人も人なつっこかった。

このように2ヶ月近く、片道2時間も3時間もかかるようなところにあちこち通っていたのであるが、実は、学校に行っていない子どもたちの問題との関係では、ダバオの中心部、とりわけアグダオ公設市場周辺が問題の多いところである。ここでも子どもとの関係で何か有益な活動ができないだろうかと考え始めていた。

これは本集めとも関係がある。島さんと一緒になって、沖縄で声をかけたら大量の本が集まってきた。6月29日（金曜日）に東京に出たあと沖縄に行った際には、なんと6トンもの本が集まっていた。英語の本である。本が足りないという状況が1転して、これらの本の有効活用を考えないといけない状況になった、それには、アグダオのような都市部で活用を試みるのがより効果的であろうと思われたのである。

8月1日（水曜日）にジュセブン日系人会会長の仲立ちで、日系人学校で教えていたルース＝ナカリオさんと会った。彼女は、通っている教会がアグダオ地区にある関係でアグダオのことに詳しかった。

アグダオには公設市場があり、私も沖縄では公設市場の近くに住んできたことから興味があり、あえて子どもとか学校というワクにこだわらないで、地域研究の一つとして取り組んでみたいと思うようになっていた。そういうことから彼女に手伝ってもらうことに即決し、月給4000ペソ（1万円）も支払った。

3日（金曜日）にルースさんも一緒にアグダオのプロテスタント教会に行って、牧師さんと会って話した。続いて、サンアントニオバランガイの老人会長をやっていたエステリート＝B＝ブエナ氏宅に行って会った。なかなか立派な体格、風格だった。

6日（月曜日）に老人会長宅を再訪し、歩いてすぐのサンアントニオバランガイ事務所に連れていってもらった。そして、バランガイキャプテンと面談した。キャプテンは大変しっかりした人のように思われた。

われわれの方では最初、不登校児を対象に教育支援活動をできないかと考えたのだが、フィリピンでは日本のような不登校児のためのフリースクールなどちょっと考えられなくて、義務教育はあくまで義務として徹底的に行われるべきであると考えられている。

それで、NGOないしボランティア活動として関与できるのは、就学前のデイケア（前述のようにこちらでは老人のための事業ではない）が準義務化されているので、それに行けない子どもたちと、あと、小学校のあといきなり高校であるが、やめてしまう青年が多く、それへの授産教育が大きな課題である。

このうち、デイケアについては、こちらは6月が学年開始の時期なので、翌年6月まで試験的にやってみるということになった。バランガイキャプテンから、個人としてやるのでなく組織の形にしてほしいと言われ、私の名前も入れてほしいとのことなので、クミハララーニングセンターという名称に決まった。

場所は、バランガイ所有の結構広い四角い土地の隅に老人会の建物を建てる途中で費用が集まらないため放置されていた建築中の建物があり、それを私が完成させて使うことになった。8月に入ってから私が東京に出ている間に完成し、建築費は7万ペソ（17万5000円）だった。

希望者が多く、午前と午後の2クラス、それぞれ20数名で打ち切った。狭くて、それ以上入らないのだから仕方がない。私としては、主にバランガイと関係を持つ手段の一つとして考えていて、なかば遊びの心境だったのだが、お母さんたちは真剣そのものである。まだ試験期間だから修了証明は出せないと言っているのに、わざわざ正規の自治体デイケアセンターから移ってきた子どもも5名いたことがあとで判明した。何か、日系人学校の分校と勘違いされた面もあるらしい。

授産教育については、女性は裁縫がいいそうで、すでにバランガイ事務所のすぐ隣の婦人会に韓国から寄贈されたミシンが10台あった。しかし、講師料と材料費を払えないために置いとくままになっていた。せいぜい月1万円ぐらいあれば運営可能と思われるのでもったいない話しだが、ものを提供しただけで終わりにすると続かない。

男性については電気かコンピュータがいいということだ。聞いた話では、ダバオは人件費が安いため、手の込んだホームページ作成等で定評があるそうだ。

生活の方は、だんだんアラが見え始めた。たとえば長時間の断水がかなりひんぱんにある。あちこちから情報が入るようにしておかないと危ない。

それから、ダバオ市長選で市長がかわったあと職員の多くが入れ替えになるらしく、2ヶ月間ぐらいだろうか、ゴミの収集がなくて、あちこちで勝手にゴミを焼いていた。ちなみに、ここのゴミの出し方は、木の枝の先とかにぶら下げる方式である。地面に直接置くと、ゴキブリやネズミがすぐにやってくるだろうし、雨も多いから、合理的な方式だと思う。

気分的にだんだん落ち着いてきて、水泳をする余裕もできた。25mプールがあるところの会員になり、定期的に泳ぎに行くようになった。そこはマルコポーロホテルといって、大統領がダバオに来た際に泊まるようなホテルなのである。3ヶ月で3500ペソだった。

また、散歩を繰り返すうちに自転車がほしくなって、7月20日（金曜日）に買った。Ganekoという自転車屋で買ったのだが、ガネコ（我如古）というのは沖縄の名前である。自転車は1800ペソぐらいからあるが、どうせ買うならギア付きがいい。3×7＝21段変速ギア付きで、6000ペソ（1万5000円）だった。

調子に乗って、1時間余りかけてCMUまで行ったりもしたが、ダバオ周辺は、長距離では走りやすいとは言えない。圧倒的に車優先であることのほか、ほこりの多いのが問題である。右目にものもらいができてしまった。目薬はCMUの女医さんが処方してくれたので薬局で買ってさした。目薬は155ペソほどで安かった。2、3日たったらウミが大量に出て、そして治った。

生活に必要なものはだいたいダバオで間に合ったが、どうしても日本に帰らないと都合が悪いような問題もある。

私が経験したのは、一つは、パソコンの故障である。6月中旬に、キーボードの「i」がなかなか入力できなくなった。普通に打つと「i」が皆抜けてしまうのである。「愛抜きの文章」などと言っていたが、人名などになると冗談じゃない。実は、夜中に打っているときに故障したのだが、そのときは日系人から頼まれて、戸籍を急いで翻訳中だった。人名から「i」が抜けたりすると、まったく話にならない。校正チェックが大変である。

故障の原因は、私の場合蚊か虫が入り込んだのだと思う。こちらで多い被害は、蟻がパソコン内部に入り込むと、プラスチックが好物なのでかじってしまう。卵を産んでしまって、内部で増殖することもあるらしい。もう一つ多いのは電圧被害で、変圧器はついていても、電圧の変化に十分対応できない。

ノートパソコンの場合、修理は、日本でやった方がいいだろうと勧められて、6月末に東京に出た際に修理に出した。ところが、修理するのに3週間かかると言われ、やむなくもう1台買った。

もう一つは、歯である。オーストラリア産のビフテキを自分で焼いて一生懸命かじりついているうちに、前上歯に埋めてあったものが落ちてしまった。いろいろ意見をきいてみたが、とにかくこちらでは簡単に抜いてしまうので、日本でやった方が無難という意見がほとんどだった。

こういったことで、ちょいちょい日本に行くものだから、皮肉を込めて、また帰るんですか、とかと言われていた。

9

8月15日（水曜日）にまたダバオから東京に出た。母が大腸ガンになったため、動くに動けなくなっていった。9月8日（土曜日）にいったん退院したのだが、11日（火曜日）に腸閉塞状態になって、再入院した。この日、ニューヨークの世界貿易センタービルに飛行機が衝突したというニュースが入ったのである。この事件はつい最近までフィリピンにも、様々な意味で非常に大きな影響を及ぼしてきた。

英国図書館についての本作りの作業がずっと続いていたので、東京にいることは打ち合わせには好都合であった。しかし、沖縄からダバオに送った本が10月8日頃届くという知らせが島さんから届いたので、私も行かないわけにはいかなくなった。考えた結果、鈴木芳則さんにかわりに行ってもらえないかと頼んだところ、快諾してもらえた。

10月末の段階で母は、車いすに乗せて病院外を散歩できる状態だったので、私も思い切ってダバオに行っておくことにし、10月31日（水曜日）に国分寺のＨＩＳで、切符を買った。テロ事件の影響もあってか、ダバオは危険度2の観光旅行延期勧告地域になり、それを承知で自己責任で旅をする旨の書面に署名させられた。あとでＨＩＳから連絡があって、ダバオでの滞在先の名前と電話番号を知らせるようにといってきたが、自己責任で行くのならどこに滞在しようが関係ないじゃないかと私は思った。

11月4日（日曜日）の夕方ダバオに着いた。

翌5日（月曜日）、アグダオのクミハララーニングセンターでルースさんが授業をするのを初めて見た。私は教室周辺に寄ってきた子どもたちと、ラーニングセンター前の空き地になっているところで遊んだ。

ＪＰＶＡドーミトリーの2階に置いてあった沖縄からの本については、7日（水曜日）に子どもの本の半分ぐらいを私の下宿に持っていって、とりあえず本の登録作業をすることに決めた。

また、同じ7日から3日連続で、サンアントニオバランガイ事務所で行われた調停裁判を傍聴した。フィリピンでは小さなもめ事等はまずバランガイで調停裁判がなされる。毎日のように日程が入っているので、その傍聴をさせてもらったのである。調停は、日常語として使われているビサヤ語でほとんどなされている。

7日は、朝9時半過ぎから2件傍聴した。調停員は1名で、年輩の女性だった。2件とも似たような内容だった。

最初の件では、申立人は母親と娘で、被申立人からの携帯メールにいやがらせの文章が入るほか、母親の夫の悪口を言ったり、娘がふしだらだと言ったりするので傷ついたというのである。これに対して、被申立人は、直接悪口を言ったことについては謝ります、と。申立人もこれを受け入れ円満解決となった。調停員が書記の女性に手短に伝えると程なく調停書ができて、両当事者がサインした。

2件目は、被申立人の女性が申立人の女性に毎日30回も電話をかけてきて、電話を使えないほどで、そして、悪口をばらまき、いやがらせをするという。これに対して、被申立人によれば、最初は申立人の夫の方が積極的で、被申立人は迷惑をこうむったのだという。被申立人は申立人の夫と2年前に知り合ったが、最初は結婚していないものと思わされていた。そして、申立人の夫に対するしつけが悪いのだともいう。被申立人と申立人の夫とがどのような関係なのかが問題で、もっとちゃんとした手続でやりましょうということで続行となった。痴話げんかレベルではなかろうか。

8日（木曜日）は、午後2時半頃から2件傍聴した。

1件目は、Jさんという女性がBさんという男性を訴えた。Jさんは夫と一緒に着席した。調停員は皆制服を着た男性で、4人もいた。Jさんによれば、Bさんが夜中の2時半頃に、いすにのって、Jさんの家の窓から家の中をのぞいたというのである。Bさんは否定したが、Jさんははっきりβさんだと判別できたという。Bさんは当日の夕方4時頃から酒を飲んでいた。そして、Bさんは酒を飲むと自己制御できない人物であるとJさんはいう。調停員の一人が、今回が初めてのことではない、子どももいるのに刑務所に行ったら誰が面倒見るのかと訓戒をたれた。結局、二度とやらない、そしてお詫びするということでまとまり、Bさんは立ち上がって謝り、Jさん夫婦と握手した。ちょっとで書類はできあがり、それに各当事者と4人の調停員が順に署名した。

10日後に調停書がもらえるとのことだった。
2件目は、借金を返さない金銭トラブルである。申立人は男性、被申立人は女性で、カラオケをやっている。調停員は、１件目にも立ち会った３人。借金額は１１９０ペソである。被申立人は、今は金がないので、11月末に２００ペソ、残りは12月中にバランガイに払い、それを申立人が受け取るということでまとまった。被申立人には子どもが３人いて、そのうち23歳と18歳の子どもがこれからジャパユキさんになる予定で、すでに手続きをしているということだった。

9日（金曜日）は、朝9時から2件傍聴した。

1件目は、申立人側は24歳の男性Ｃ１と、そのおばさんＣ２。被申立人側は、20歳男性のＲ１と16歳男性Ｒ２、Ｒ１の母、Ｒ２の母。もう一人23歳の被申立人Ｒ３がいるが、欠席。調停員はバランガイキャプテン一人。フィリピンでは男21歳、女18歳で成年になる。申立内容は、Ｃ２の家の窓が鉄棒で割られたということと、Ｃ１はＣ２宅に一時滞在中であるが、Ｒ１、Ｒ２、Ｒ３からリンチされたということである。被申立人は今回が初めてではなく、常習だそうで、Ｒ１など落ち着き払っていた。Ｒ１、Ｒ２は、窓を割ったことと、リンチしたことは認めているが、ただ、どこを誰が殴ったという点についてはお互いに責任のなすり合いをしていた。その他、被申立人側は、Ｒ１、Ｒ２、Ｒ３がＣ１に対して悪口を言ったという点は否認していた。今回は、Ｒ３が欠席したことから手続き続行となったが、バランガイキャプテンは、被申立人らの行為は犯罪であるので、刑事手続きを取ることもできるということと、被申立人らは別々のバランガイに住んでいるが、そのいずれのバランガイに訴えることも可能であるとの説明をした。

2件目は、借金取り立て。申立人は、夫（D1）と妻（D2）、被申立人Sは、D1のいとこの嫁さん。調停員はバランガイキャプテン一人。申立内容は、申立人らはSに、96年に1万5000ペソ貸し、その後Sは5000ペソ返したが、申立人らは98年にまた5000ペソ貸したので、1万5000ペソが返されないままになっているというものである。Sは借りた金を又貸しして利子でもうけている。Sは返さなかった理由として、子どもが入院したことをあげ、その他にRは、申立人らの養子に1000ペソ返済したほか、何度も少しずつ支払って、残額は6038ペソであると主張している。申立人らはこれを争っている。バランガイキャプテンは様々な返済案を次々に出し、結局申立人らは解決するなら5000ペソでいいといい、毎月末に200ペソずつ支払っていくことで合意ができた。

11月10日（土曜日）にダバオを発って夜東京に戻った。ちょうどこの日あたりから母は具合が悪くなって、13日（火曜日）午前9時15分に亡くなった。

15日（木曜日）に告別式をしたが、ちょうどこの日、琉球新報の「落ち穂」欄にダバオのことを中心に、2002年の前半に連載することが決まった（全13回）。その4回目に「母の後半生」と題して次のような文章を書いた。

「私の母は、昨年11月、数え88歳で亡くなった。母は、転勤が多かった父が亡くなってから30年余り、東京の小平市学園西町に住んだ。ここに住み始めた当初はまだ若く、元気だったが、10年ぐらい前からぼけ始め、最近は、家にいても、ヘルパーさんのお世話になりっぱなしだった。元気だったときは、他人様《ひと》のお世話になるのが嫌いで、付き合いもごく限られていたのに、ぼけ始めてからは、家族だけではとても対応できなくなっていった。そして、意外にも、ぼけてみたら、お世話してくださる方々に愛され、かわいがられ、それまでとは違った味が出てきた。

最後に入院したのは、一橋病院という、家から歩いて5分ぐらいのところ、葬式屋も家のすぐそば、葬儀は学園西町地域センターというところで行った。お通夜とその翌朝告別式をやって４５００円という安さにはびっくりした。もっとも、地域センターが葬儀場として使われることについては、周辺住民から苦情もあるらしい。

母は亡くなる数日前まで、車椅子で散歩させてもらうことができた。病院のすぐ横に玉川上水があり、並木道を散歩できる。ちょっと前までは、そばにある平櫛田中《ひらぐしでんちゅう》館を母とよく訪れた。平櫛田中は１０８歳まで生きた彫刻家である。非常に面白い作品が多く、訪れるたびにいつも愉快になった。平櫛田中は年を取るに従い大きな作品に挑戦していって、最晩年に取り組んでいた大きな丸太が田中館入口に置かれている。

フィリピンでは、老人介護施設はごく少ないが、それは家族がしっかりしているというより、平均寿命がまだ60歳台だからである。これがたとえば、波照間島のように、長寿者がたくさんいても、介護施設をつくる経済的な余裕も十分ないような場合、地域自体が老人を受け入れられるようになっていない限り、安心して死ぬこともできないであろう。」

母の葬儀のあと、ダバオの日系人に頼まれた用事があって沖縄に行って、東京に戻ったところで、12月2日（日曜日）、私のパソコンがコンピュータウイルスにやられて使えなくなった。不審な添付ファイルを開いてしまったのである。添付ファイルを開いても何も出てこなかった。このメールに英語でデイケアセンターとかと表題があったので、ダバオからの連絡と思って開いたのである。ところが、翌朝、友人たちから私名義のウイルス添付文書が送られてきたと教えられてウイルスに感染したことが分かった。私のパソコンのアドレスに登録された方々に自動的にウイルス文書が送られた模様である。ダバオでは、留守番の愛さんはファイルを開かなかったそうだが、専門家の友人の話では、プレヴューを見るだけでも感染することがあるらしい。

東京の方ではすぐに対応できたが、ダバオではそうもいかず、結局メールが再び使えるようになったのは12月14日になってからだった。ウイルスなんて風邪みたいなもんだろうと思っていたら、ダバオで使っていたパソコンは使用不能になった。それ以上に、他人に迷惑をかけるというのは非常に疲れた。ネットワークでつなぐのは非常に便利であるが、ダメになった場合の危険の大きさも痛感した。

12月9日（日曜日）から20日（木曜日）までダバオにいた。

10日（月曜日）は、CMUのクリスマスパーティーがエデンという自然公園であった。ここはアポ山の山麓にある公園で、いろんな植物が植えられているし、レジャー施設もある。CASEDO、JPVAの関係者も来ていて、私はほとんどの人と顔見知りだった。たくさんの知り合いが出来たものだと改めて思った。

11日（火曜日）、アグダオ地区全体の老人会に行った。ここもクリスマス会の準備中だった。ダバオにはアグダオを含め14の老人会がある（1地域に二つのところもある）。

午後、クミハララーニングセンターに行ってみると、やはりクリスマス会の練習をしていた。私は、レチョン（豚の丸焼き）を準備することを期待されているそうで、ＰＴＡのおばさんと注文しに行く。２４００ペソだそうだ。予約金５００ペソを払った。

また、ラーニングセンターと対になった左側の建物がほぼ完成していた。道路側から見て奥の右隅にラーニングセンターの建物があったのだが、左隅にもほぼ同じサイズの建物がバランガイの費用で建てられたのである。両建物間は空いていて、屋根を葺き、壁を作ればもう一つ建物ができる。

12日（水曜日）は朝9時半からバランガイ事務所で調停裁判を見学した。申立人も被申立人も若い女性で、友人のように見える。裁判の場でも雑談していて、とても申立人・被申立人の関係には見えない。申立人は被申立人に１５００ペソ貸したが、７００ペソしか返さないので、8月14日にバランガイ裁判で9月15日から少しずつ返すことになったが、返さないので申し立てに及んだのである。キャプテンは被申立人に5日以内に返すようにといったが、被申立人は今金がないので返せないといい、かわりにカメラを持ってきていた。キャプテンがオークションにかけるといったら申立人がカメラがほしいといい、値段交渉が始まった。結局１１００ペソでまとまった。12月23日に、申立人はバランガイ事務所で300ペソと引き替えにカメラを受け取ることになった。

バランガイ裁判は、申し立て費用50ペソだが、実際には払えない人が多く、その場合タダでやっているそうである。

13日（木曜日）も朝10時から調停を傍聴した。カトリック教会付属の学校の隣にある自動車工場のペンキの臭いや、びょう打ちやラジオの騒音に対する対策を求めたものだった。被申立人側からはさしたる異議もなく、和解が成立した。

利害関係人として来ていた近所のサルバドール氏が、調停後、一緒に近くの小学校に行こうとわれわれを誘った。小学校は歩いてすぐのところだった。校長室に行ったら、女の先生がさっそく、何を援助してもらえますかと来た。校長室に1台コンピュータがあり、若い先生と生徒2名が使っていたので、きいてみたら、ここは貧しい地区だが、小学校の時からコンピュータ教育をしようということになって、予算申請しているが、なかなかもらえなくて、この1台しかないのだそうである。何台でもいいが、もし援助してもらえるならとてもうれしいとのことだった。そのためにコンピュータ専門の先生も雇ったのだそうである。沖縄の米軍で使わなくなったコンピュータが大量にあるという話をきいていたので、沖縄から送れるかもしれないと思ったが、税金のこととか、考えなければいけないことがいろいろあると言うと、サルバドール氏は、彼の奥さんの兄弟が税関で、相談に乗ってくれるとのことだった。

小学校のあと、彼の自宅にも連れて行かれた。バランガイ事務所の裏手がこの日の調停のカトリック教会であるが、同氏の自宅はそのすぐそばだった。広い家で、カローラがあった。使用人も二人いた。こんなに金持ちなら、自分で援助したらよさそうなものだのに、と思った。

14日（金曜日）のお昼、ルースさんたちの通っているプロテスタント教会でラーニングセンターのクリスマス会をやった。教会でやったのは、ラーニングセンターが狭いということもあるが、周囲の子どもたちが大量に寄ってくることが予想されたからでもある。子どもたちの歌や踊り、父兄の踊り、ぶら下げたお菓子取り等が続いた。子どもたちは緊張気味で、特に小さな子どもたちは舞台の上で泣き出したりする子もいた。昼食の豚の丸焼きは非常においしかった。昼食後、プレゼント交換等をした。

15日（土曜日）は、アグダオ地区全体の老人会センターに行った。クリスマス会ときいていたが、プログラムを見ると、新役員の就任式も兼ねていた。非常に盛大だった。私が感じたのは、老人会といってもそんなに高齢の人はいなくて、大部分は60代であり、そのためまだまだ元気な人が多いのである。これぐらい元気だと今後の社会的活動も期待できるのではなかろうかと思われた。

18日（火曜日）はウピアンに行く。この日は無料健診もやるそうで、女医さんも一緒だった。馬乗り場に着いた頃は本格的な雨になっていた。歩いていく。着いてすぐクリスマス会が始まり、子どもたちが順に歌った。並行して健診が行われた。1時前に食事。食後も健診とプレゼント配り。3時に馬で引きあげ、あとまっすぐ帰ってきた。

19日（水曜日）にバランガイキャプテンと話したところ、クミハララーニングセンターと対になった建物は、われわれで自由に使えることが確定したそうである。ただ、資金切れのため終わりかけになって工事がストップしていた。あとは窓だけで、3000～4000ペソ程度というので、私が負担して、子ども図書館として早く使えるようにしたいと申し出た。その後見積もりが出て、窓以外にも天井等の工事が残っていて、1万ペソ以上がさらにかかった。こうしてとうとう移動図書館ではない定置図書館も持てることになったのである。非常にうれしく、感無量だった。

10

2001年の末に、東京の多磨霊園で母の納骨を済ませてから沖縄に行き、年が明けてから、3日まで波照間島にいた。東京に戻って、1月17日（木曜日）ダバオに行った。

18日（金曜日）、アグダオ地区全体の老人会長が亡くなりその葬儀があった。クリスマス会で会って話したばかりではないか。マラリアに高血圧が重なって亡くなったとのことだ。マラリアが町の中にまだあるとは思わなかった。花輪を自宅に届けに行った際にお棺に入った遺体を見ることができた。墓地にある礼拝所で葬儀のあと埋葬された。

クミハララーニングセンターと対になる建物には、もうじき窓が入るところだった。両建物の間にはちょっと後に屋根を葺いて、この場所を老人会長は時々会議に使っていた。

20日（日曜日）の朝、流しの下の戸を開けたら、はずれてしまい、中は蟻だらけだった。台所の流しの下にある戸棚全体が蟻の巣になっていることが判明した。それらしいとはずっと思っていたのだが、さわらないようにしていたのである。トトさんが来て、戸棚を全部撤去してくれた。ダバオに来てからこれまでにも何度か経験したが、蟻というのは、ふと気がつくとものすごい数にふくれあがっている。

私は撤去の作業中に右手首を30カ所ぐらい集中的にかまれて、またたくまに腫れあがった。蟻にかまれると、すぐに膿のようなものがたまり、かゆくなる。皮膚を破って、黄色い汁をしぼりだした。1日か2日でかさぶた状になる。

23日（水曜日）にダバオから車で1時間あまり北方にあるタグムの国立老人ホームを訪問したのを皮切りに、老人介護施設を連続的に訪問した。

私はこの年の2月15日に沖縄の那覇市総合福祉センターで「子どもの福祉と老人の福祉」という題の講演を行ったが、その準備のためである。老人会と共同で子どもの施設を運営していたことから、老人と子どもの統合ケアという枠組みで講演してみようと考えていた（広井良典編著『「老人と子ども」統合ケア』中央法規出版、２０００年参照）。

フィリピンでは、老人がだいたい家族とともに住んでいることから、どんな活動をやっても子どもと老人とが一緒になることは多く、老人は社会の中でそれなりに重んじられていると感じられる。こういう状況なので、老人介護施設はわずかである。

フィリピンには国立の老人ホームは当時三つしかないといわれていた。タグムの国立老人ホームはその一つで、他にはマニラ、サンボアンガにあるとのことだった。

タグムからさらに車で1時間余り行ったモンカヨの支部も2月1日に訪問した。

また、ダバオ市立 Co Su Gian Center for the Elderly（Co Su Gian というのは、敷地寄贈者である中国人の名前である）も1月30日に訪問した。

これらの施設は、老人にも余り知られていないし、収容している老人はタグムが83人、モンカヨが14人、Co Su Gian Center が10人で、いくらフィリピンの平均寿命が70歳前後であるといっても、これではとうてい足りない。しかもこれらはいずれも、もともとはNGOが始めたものである。しっかりした国の政策がないと、今後急速に問題が深刻化するのは目に見えている。

収容老人は、家族から捨てられた人、あるいは家族がいない人が多く、全国から来ていた。男女半々の感じだが、女性の方が圧倒的に元気である。地域との交流等は、特には認められなかった。運営の特色としては、米国の影響で、専門職制度が取られていることが挙げられる。

31日（木曜日）、バランガイ事務所で調停を傍聴した。考えるとちょっとヘンなのだが、われわれも参加者として署名した。

この日の事件は、ちょっと変わっていて、学校の生徒がインターネットカフェに出入りするということで親からＰＴＡに苦情がいき、ＰＴＡ会長（この前調停で会ったサルバドール氏）から申し立てたものである。被申立人として、二つのインターネットカフェの経営者たちが来ていた。生徒は午前8時から午後5時までは学校があり、先生と一緒に授業の一環としてでなければインターネットカフェに来れないはずである。店側によれば、生徒は、クラスがあるときでもないと言って来るから分からないそうである。

バランガイの調停員の意見は、学校があるときは店に入れるべきではなく、学校から生徒にもきちんと話すべきであるというのである。昼ご飯を食べずに通う子もいるということで、昼休みに来るのもあまりよくない、と。そのため進級できなかった子どももいるのだそうだ。

店側の言い分は、入れないようにしても別の店に行くから何も変わらないし、入れなければ商売ができないわけで、基本的にこれは親の責任ではないかという。

PTA会長が言うには、親の責任といっても、仕事があるからいつも見ているわけにはいかない。おばさんの調停員が、昔はインターネットなんかなくて、制服でうろうろしているだけで怒られたのに、今は、私服を鞄に入れて、着替えるという。バランガイキャプテンの奥さんも親として出席していて、インターネットでいいことは何もない、食べないし、勉強しないし、家には帰ってこないし、と一番強硬な意見を述べた。

結局、学校を休んでくる子は店に入れない、それでも来たら店から両親に知らせるということになった。休み時間に来た場合は出入りをチェックし、子どものサインを取る。テスト期間中はハーフデーだが、昼から勉強しないといけないからダメだということになった。昼休みと5時以降は基本的に学校ではなく親の責任である。学校でも今度PTAの会議でこの件を報告することになった。調停というよりミーティングの感じだった。

従来通り移動児童館活動も行っていた。フィリピン民話からつくった「ピントン」が記憶に残っている。

ピントンはいじめられっ子。しかし、動物が好きで、動物の言葉も分かる。森の中のおじいさん（ディワタといわれる仙人）を訪ねると、光り輝くバナナのつぼみを手に入れれば願いがかなうといわれる。ピントンは途中、川で岩につまずいて倒れているカラバオ（水牛）を助ける。水牛から上手に助けてくれたとほめられる。光り輝くバナナのつぼみは見つかった。しかし、水牛が言うには、つぼみを取ってしまえば、バナナの木は枯れてしまうと。ピントンはつぼみを取らないことに決める。

紙芝居のあと子どもたちの描いた絵を見ると、ちゃんと話は理解できたようである。

これに対して、「The Giving Tree」（与える木：邦訳では「おおきな木」）は欧米では非常によく読まれているし、日本でも有名だが、子どもたちの反応は今ひとつだった。CMUスタッフのみなさんもあまりやりたがらなかった。確かに、小さな子どもたちには難しすぎる。しかし、付き添いで来ていたお母さんやおばあさんなど、大人はどう受けとめたのだろうか。カリナンの先にあるラクソンでは、ちょっとぼけていると思われるおばあさんもいて、子どもたちと一緒に参加していた。

それから、何度か通ううちに、ウピアンには、かつて沖縄出身者が多数住んでいたことが分かってきた。そして、戦争が終わる間際に、日本軍がこの近くに財宝を隠したという話があることもきいた。いわゆる「山下財宝」である。

そういうことで、戦時中ウピアンに避難してきて住んでいた沖縄二世の與儀安二（フィリピン名マヌエル）さんにダバオ市内の自宅で会って、話をきいた。與儀さんのお父さんは沖縄・本部の渡久地出身、お母さんはこちらのバゴボ族の女性である。お父さんは戦争が終わって半年たった頃フィリピン兵に殺された。與儀さんは、財宝を隠したというのは本当だといい、彼自身、5年前に宝探しに行ったのだそうである。昔の食器等がみつかったそうだ。縁を感じて、ウピアンにデイケアセンターを建てるためのくぎとトタン板を寄贈した。1万円ほどだった。

2月3日（日曜日）に東京に行ってから、7日（木曜日）と8日（金曜日）の両日、小平市立第二小学校を訪問した。嵯峨座晴夫編『少子高齢社会と子どもたち』（中央法規、2001年）で、同小学校校長の山下敏夫氏が校内に高齢者交流室を設置されたことを知り、実際見にいったのである。交流室は校舎の一角で、従来PTAが使っていたところを改造したものである。学校内にあるが、管轄は小平市高齢者福祉課で、小平市社会福祉協議会に委託され、実際上の運営は社協がやっていた。利用者は介護認定を受けていない人が対象である。デイサービスではないから、決まった時間に来るわけではないし、送迎もない。学校との交流は、午前と午後の休み時間に一日2回20分ずつ子どもたちがやってくる。和室での碁や将棋は人気があるようだ。総合学習等で授業の一環として行われることもある。高齢者も給食を食べることについては実験段階だった。ほかは、デイサービスとあまり変わらない内容である。

校長の人柄もあって、円滑着実に運営されている印象を受けた。全体的に高齢者が子どもたちに遠慮してしまっている感じはあったが、注目すべき事例と思われた。

また、英国の図書館に着いての本を作成していた関係もあって、武川正吾著『福祉国家と市民社会―イギリスの高齢者福祉』(法律文化社、1992年)も読んだ。講演との関連では、米国のフォスター・ペアレント・プログラムをモデルにした老人の子どもへの貢献活動(Trans Age Action)という活動が活発である。Age ConcernというNGOのコーディネートで1995年からプログラムを展開している。高齢者は、交通費・食費以外の手当を受けない。参加している高齢者は、低所得層ではなく、ほとんど中産階級である。英国においても、子どもと高齢者とがふれあう機会はほとんどなく、両者は社会的に孤独である。Age Concernは「時間資源の豊富な高齢者」に対して訓練の機会を提供し、訓練を受けた高齢ボランティアたちは、学校・プレイグループ・クラブ活動・病院・施設・ファミリーセンター・障害を持つ子どもの施設などで子どもの教育者として、相談相手、または指導者として、活動を展開している。「ゆっくり時間をかけて一緒に考えてくれる」「一緒にいると安心」等の評価があるという。

2月12日(火曜日)に沖縄に行き、予定通り15日(金曜日)に講演をした。

高齢者と子どもの間で十分な交流がなされれば、子どもにとっても、老人にとっても、大きな意味を持つことを、ダバオ、小平市、英国でのそれぞれの状況を比較しながら述べた。われながらうまくまとめられたと満足できた。

私の学外研究期間は3月までで終わるので、今後どのようにするかを考えなければならない時期になった。

2月17日（日曜日）に東京に出て、24日（日曜日）ダバオに行った。子ども図書館はほぼ完成していた。本棚や机等のペンキ塗りをして、あとは、敷物を入れて終わりという段階だった。

クミハララーニングセンターについては、ルースさんに月4000ペソ（1万円）の月給と、12月のボーナス1ヶ月分の計13万円を払い続ければ継続できる。最低でも、今学んでいる子どもたちがすべて小学校に入学してしまう2004年3月までは続けようと思っていた。生徒のお母さんたちは継続に全然不安を感じていないようで、制服を作って、クミハララーニングセンターのマークも考案して入れようなどと話し合っていて、これではとても裏切れない。

老人会長には今後のラーニングセンター関係の支払い等についてお願いし、了承を得た。そのため、独立した口座を銀行に作った。

バランガイとは、敷地の利用権について協定を結んで、1年ごとに更新していく形にし、ダウンタウンの弁護士事務所で協定書を公証してもらった。

私の下宿には、友人である松山順一さんがブラジルから帰ってきたばかりのところだったが、引き継いでダバオに住んでくれそうであった。松山さんには、先に述べたように、85年にサンパウロで初めて会った。農業が専門である。

それを見越して、大家さんにもう1年いたいという希望を述べたところ、大歓迎のようで、車も敷地内に置かせてくれることになった。

だいたいこれでメドが立って、3月3日（日曜日）にダバオを発って成田に向かった。この朝ダバオの空港で、最初にダバオに着いたときに出会ったAさんと会った。あれから本当にいろいろあった。

8日（金曜日）に東京の四谷で松山さんと会った。ダバオには当然行きますという感じで、びっくりするほど乗り気で、今後の心配はなくなった。

9日（月曜日）に沖縄に行ってから、14日（木曜日）大阪に出た。そして15日（金曜日）にダバオにまた行った。まったく動きまくっている感じですね。

16日（土曜日）はクミハララーニングセンターの終業式だった。挨拶は老人会長と牧師さんがやってくれた。子ども図書館の管理をやってくれる人も決まった。図書館の前に住んでいるおばさんで、その孫はクミハララーニングセンターに通っていた。

21日（木曜日）の夕方、松山さんがダバオに着いた。この日ビクトリアの中で爆弾騒ぎがあって、ダバオは騒然としていた。

下宿代を半年分払ってしまったり、引き継ぎをしたりしてから、27日（水曜日）にダバオを発った。空港に着いてから、松山さんが手紙を書くから日本で出してくれとのことなので、その間、少年に靴を磨いてもらった。いい気持ちだった。

マニラに着いたら空港の食堂で日笠さんが待っていた。いわゆるジャパニーズ・フィリピーノ・チルドレン（ＪＦＣ）を沖縄市に住んでいる父親に会わせる件について依頼された。

東京でＪＰＶＡの網代氏に挨拶をしてから、31日（日曜日）深夜、沖縄に戻った。

こうして学外研究期間が終わった。

11

私がダバオを引きあげてから1年間は、第2章124－125頁で述べたように松山順一さんが下宿に住んで、活動を引き継いでくれた。

松山さんがいるうちに、アテネオ・デ・ダバオ大学で日本語を教えていた中川一先生が私の下宿に同居されることとなった。

松山さんがダバオから引きあげたあとは、再び愛さんを非常勤の助手として雇って、ラーニングセンターの運営を継続した。愛さんはすでにトトさんと正式に結婚し、週3日は日系人会学校の保育園で保育士として働いていた。

子ども図書館については、たんに管理をする人がいるだけではダメで、本好きで、読み聞かせしてくれたりする人が必要である。そんなにお金は出せないので、なかなか適当な人がみつからなかったのだが、2004年の夏から、ジュヴィーさんという女性がやってくれることになって、その後見違えるほど図書館は活気が出て、いつも大勢の子どもたちが出入りするようになった。彼女はダバオの大学で社会調査を専門に勉強した人なのだが、それでもダバオではちゃんとした仕事がないのである。

このように活動は順調に推移してきたのであるが、私としてはいつも、引きあげ時を考えていた。援助にもいろいろあって、ずっと続けた方がいいようなものもあるだろうが、私が始めたラーニングセンターや子ども図書館の運営は、本来はバランガイが自分たちで運営するのが望ましい。援助慣れしてしまって、それが当たり前というのでは困る。

しかし、家庭訪問で子どもたちの家々をまわるたびに、あまりのひどさに、やめるわけにはいかないなと思わざるを得なかった。せいぜい2畳ぐらいの狭い家に招じ入れられ、断るわけにもいかないので上がると、体重で床がしなるのだった。ちょっと雨が降ると、排水溝が詰まっているのであふれ、汚水が悪臭を放った。ジュヴィーさんたちと図書館内で昼食を食べていると、たいてい食べ物のない子が外に立っていた。

でも子どもたちはほがらかで、一緒に遊んでいると本当に楽しかった。

2005年の秋に愛さんがみごもった。日本で出産するという。そして、中川先生も2006年の3月に日本に帰られる予定になっていた。

ラーニングセンターは2年保育になっていて、すでに入っている子どもたちのために２００６年度いっぱいはやめるわけにはいかないので、その分は私が負担して継続するとして、その後どうするか。中川先生に頼んでバランガイキャプテンと交渉してもらった。バランガイキャプテンは即座に、バランガイ自身で継続すると断言してくれたそうである。案ずるより産むが易し、だった。バランガイキャプテンの言うように２００７年度から予算をつけられるどうかは、不確実だったが、少なくとも自分たちでやろうという気持ちがしっかりとあることを確認できて大変嬉しかった。

下宿については、ＪＰＶＡのドーミトリーに滞在していたカトリック教会の関係者がわれわれのあとを引き継いで入居することになった。

２００６年3月17日（金曜日）の午前中にマニラでＰＲＡビザ解約手続をし、預金も解約して返還を受けた。そして当日の夕方ダバオに着いた。中川先生が出迎えてくれた。そして、サンアントニオバランガイ事務所と老人会長宅に行ってお別れの挨拶をした。

19日（日曜日）の朝、中川先生と一緒にダバオを発った。マニラに着いて国際線乗り場に入ると関西も成田と同じ14時50分発だった。中川先生は関西に向かわれ、私は成田に向かって、午後8時過ぎに着いた。

12

ダバオから引きあげてからも今日まで私はマニラ新聞をずっと継続して読み続けてきている。これによって、その後のフィリピンの動きはだいたい把握できてきた。

最近の大きな動きとして、2012年の10月にモロ・イスラム解放戦線（MILF）とフィリピン政府間に和平合意ができて、フィリピン・ミンダナオ島で自治政府樹立へ向けての動きが始まっている。

ミンダナオ島で活動してきたイスラム過激派としては、まず、モロ民族解放戦線（MNLF）があげられる。ミンダナオ島は1960年代末までに、米国会社のパイナップル農園による土地囲い込みや、ルソン島や中部の島々からの移民の流入で土地問題が深刻化し、1972年にマルコス大統領は戒厳令を布告した。これと前後してMNLFが結成され、急進的な抵抗運動を開始した。モロとは、北アフリカのムーア人のことで、イスラム教徒の蔑称であるが、それを自称するようになったのである。1996年にMNLFはラモス政権との間で和平を受け入れた。そしてイスラム教徒自治区（ARMN：1州5市）が設置された。

これに対して、MILFは、自治権付与で妥協しようとしたMNLFから78年に分離し、フィリピン政府からの分離・独立を求めてきた。アロヨ政権発足後の2001年6月にMILFとの和平交渉が再開されたが、フィリピン政府は、「9・11」後の米国の対テロ政策に協力的な姿勢を取り、過激派掃討を目的とした、実質的には実戦である比米合同演習を繰り返し行ってきた。その際に沖縄駐留の米海兵隊も投入された。これによって、特にアブサヤフは相当な打撃を受け、幹部逮捕も相次いだ。アブサヤフというのは、身代金目的の誘拐や爆弾テロ等を敢行する最過激なテロ組織で、スルー諸島やバシラン島等の地域に根ざしたゲリラグループの連合組織であるが、マレーシアのサバ州等でも誘拐事件を起こしていた。

その後焦点は、ジェマ・イスラミヤ掃討に絞られてきた。ジェマ・イスラミヤというのは、フィリピン南部を含む東南アジア島嶼部にイスラム国家を建設することを目的とし、アルカイダと強い関係を維持してきているとされる国際テロ組織で、私も行ったミンダナオ島のグランから潜入したといわれている。

このような状況の中で2012年にアキノ現政権との間で和平合意が結ばれたのである。

その他にフィリピン共産党の軍事部門である新人民軍（NPA）も1960年代末以来活動を続け、フィリピン全土に分布しているが、先に述べたように、ミンダナオ島では主に東部地域で活動してきている。

1970年代からの内戦が長引いたのは、イスラム過激派の活動地域は歴史的にムスリム諸族が分離・独立を求め続けてきた地域で、民族問題の性格を有するということもあるが、それ以上に、貧富差の激しい社会構造が温存されたまま先進諸国に第1次産品を供給する植民地的な生産現場となっているためで、海外出稼ぎぐらいしかまともな仕事がない状態が続いてきた。

　現在私は、和平合意の行方に注目している。いい方向に進んでくれれば、いずれサンボアンガからマレーシアのサンダカンまで船で安全に動ける日も来るのではないかと期待している。

あとがき

この本を書こうと思ってからまず、２０１３年4月28日（日曜日）に、東京のお茶の水で久しぶりに鈴木正行さんと会った。東京で再会して以来、鈴木さんからはこれまでいろいろ旅行のアドバイスをいただいてきたのだが、今回は、本の出版について話をきいた。容赦なく時は過ぎていく。旅行だけでなく、出版もできるときでなければできない。鈴木さんと話していて、とにかく1冊出版してみようと腹を決めた。

鈴木さんと別れてから、さっそく頭が回り始めた。どんな内容にするか。

最初考えたのは、「旅の中の生活」ないし「生活の中の旅」というキーワードである。私は、ここは住めるだろうか、という目で見ながら旅行することが多かったからである。それを具体的な旅によって示してみようということで、いくつか考えてみた。

そうやって考えてみた結果、旅と生活を関連させるという方向だけでは、私のこれまでの歩みを正確には反映できないと思った。できれば外国に住みたいという気持ちは今も継続して持ち続けているのだが、決してそれだけではなかった。

私は、沈没しない方向への志向もまた強くもっているのではないだろうか。振り返ってみても、1箇所にとどまらないで、転々と動いてきた。むしろその方が私の本領とも見えるのである。そして、そもそもなぜ旅を続けるのだろうか、というのが私の疑問であり続けてきた。だからこそいろいろな旅をやってきた。そういう疑問は、多分私の哲学と密接に関連している。そこで、「旅の深層」という形で、まとめてみることにした。

具体的に取りあげる場所は、いろいろ検討した結果、本書で取りあげたアフリカ、ブラジル、そしてダバオに落ち着いた。

このうちダバオについては、まだまとめて書いたことがなかったので、5月の連休中から書き始めた。私は2010年3月2日以来、ほぼ毎日、原稿用紙4枚分（パソコンで、一太郎画面の1頁分）書くことを習慣にしている。30日分書き続けて、ちょうど区切りのつくところまでまとめられた。

アフリカについては、かつて活字にした記録が残っていたが、1981年の旅だけでは足りないと思い、それとは別に1994年のアフリカ南部の旅も付け加えることにした。アフリカ南部の旅については、毎日書いてきた原稿の一部としてすでにまとめてあった。そして、最初は、アフリカ中央部、ブラジル、アフリカ南部、ダバオと、時間通りに並べて、四つの章で構成するつもりであったのだが、二つのアフリカの旅をあえてくっつけた方が面白いような気がした。それで、アフリカ南部の旅の原稿を大幅に削って、アフリカとしてひとまとめにした。私の記憶の中では、過去、現在、未来というように直線的にはなっていない、ということをこの作業で実感した。

ブラジルについては、1985年に旅を終えたあと、テイシェイラ・デ・フレイタスでの生活記録を原稿用紙にまとめたら375枚になった。当時自費出版しようと考えていたのだが、主に金銭的な事情で果たせなかった。その原稿を、毎日書くようになってからまとめ直し、さらにテイシェイラからサンパウロに出てから以降の分を加えて35日分（原稿用紙140枚分）に短縮できたので、今回はこれを使った。

このようにして、本書の内容ができた。振り返ってみると、2010年の3月から毎日書き始めたことがこの本づくりにつながっている。

書き始めたときに、私は「人生30年説」というのを意識していた。ちゃんと働くようになったのが29歳になって半年過ぎてからだった。働こうと思ったというより、沖縄に来て住もうと思ったので、働く以外なくなったわけである。そして、1年ほど弁護士業をしてから大学の専任教員になった。それから30年あまりたって今に至っている。仮に90歳まで生きるならこれからが第三の人生ということでしょう。今後の時間設計をどうするかという問題意識で毎日の原稿を書き始めた。

本書で書いたのはすべて第二の時期の旅である。そして、できれば第三の時期も旅をメインに考えていきたい、と現在は思っている。しかし、昨年、妻と同じ胃ガンという病気をいただいてしまって、その手術をしたし、今後老いていくわけだから、体と相談しながらどんな旅をするか決めていくことになるだろう。

毎日書くようになったときに、読者のいる文章にしたいと思い、20人ぐらいの人たちに毎日メールで送信する形を取った。何を書くのか決まっていないので、知らない人々にも読まれるブログなどは不適当と思われ、あくまで個人的に面識のある方々に限った。それがよかったのだろう、適度な緊張感を保ちながら、ゆとりを持って書き続けることができてきた。そういう意味で、私の原稿を毎日送らせてもらっている方々に、ここで深く感謝申し上げたい。

原稿がそろった段階で、どの出版社に頼むかについては、鈴木さんがずっと出版してきた学文社にお願いできればいいな、と考えた。それで、鈴木さんにメールを送ってきいてみたら、鈴木さんから学文社に話を通してくれるという。こうして6月上旬に鈴木さんと学文社に行った。鈴木さんがいてくれたおかげで話はスムーズに進んだ。あとは、編集担当の落合絵理さんがていねいにお仕事をしてくださって、本書ができた。

本当にありがたいことと思っている。

現在、心はすでに次の本づくりに向かっている。

2013年8月10日・那覇にて

著者紹介

組原　洋（くみはら　ひろし）

1948年鳥取市生まれ。
1972年東京大学法学部卒業
1974年司法修習修了
沖縄大学法経学部教授・弁護士
著書
『改革を続ける英国の図書館』（共著・リブリオ出版企画・2003年）
『オランダ・ベルギーの図書館』（共編著・教育史料出版会・2004年）
『学力世界一を支えるフィンランドの図書館』（共編著・教育史料出版会・2008年）
などがある。

旅の深層
―行き着くところが，行きたいところ　アフリカ，ブラジル，ダバオ回遊―

2013年10月10日　第１版第１刷発行

組原　洋 著

発行者　田中　千津子
発行所　株式会社　学 文 社

〒153-0064　東京都目黒区下目黒3-6-1
電話　03（3715）1501 ㈹
FAX　03（3715）2012
http://www.gakubunsha.com

©Hiroshi KUMIHARA 2013　Printed in Japan
乱丁・落丁の場合は本社でお取替えします。
定価は売上カード，カバーに表示。

印刷所　新灯印刷

ISBN978-4-7620-2390-3